錦帶集

금대집

이가환 지음
박동욱 옮김

한국고전번역원

한국고전선집을 펴내며

근대화, 산업화를 거치면서 멀어졌던 우리 고전이 근래에 들어 새롭게 독자들의 관심을 끌고 있습니다. 더 이상 우리의 것이기에 알아야 한다고, 우리 고전이기에 읽어야 한다고 강변하지 않아도 될 만큼 인식이 많이 변하였습니다.

그러나 우리 고전에 다가서기는 여전히 어렵습니다. 일단 지금은 쓰지 않는 한문이라는 장벽이 앞을 가로막습니다. 망망대해와 같은 방대한 양도 독자들의 선택을 방해하고 주눅이 들게 합니다.

선집은 그러한 장벽을 넘기 위한 사다리입니다. 광활한 바다에서 배를 인도해 줄 등대와 나침반이기도 합니다. 한 점의 고기만 먹어 보아도 그 솥 전체의 음식 맛이 어떤지를 알 수 있다는 말처럼, 잘 만들어진 번역 선집은 그 저자와 작품을 이해하는 훌륭한 길라잡이가 될 것입니다.

'한국고전선집' 시리즈는 저자의 방대한 저작 가운데 역사적, 현대적으로 의의가 있는 작품을 골라 그 인물의 삶과 사유의 흐름을 따라가며 엮은 평전 성격의 선집입니다. 학계의 연구 성과를 반영한 상세한 해설과 정확한 번역, 전문 감수를 거친 신뢰도 높은 판본으로서 청소년부터 일반 교양인에 이르기까지 누구나 쉽게 읽을 수 있습니다. 또한 사상, 철학, 문학, 과학, 역사 등 서종을 폭넓게 아우름으로써 독자들의 인성 함양과 통합적인 사고 형성에 기여하는 바가 클 것입니다.

한국고전번역원은 전신인 민족문화추진회 이래로 지난 수십 년 동안 한문으로 쓰인 수많은 우리 고전을 정리, 번역해 왔습니다. 학계는 물론이고 일반인에게도 많은 도움이 되었다는 것은 자타가 공인하고 있습니다. 한국고전번역원이 번역한 조선왕조실록이 한류의 원천이 된 드라마, 영화 등에 다양한 상상력을 제공한 것은 널리 알려진 사례입니다.

한국고전번역원이 기획하여 펴내는 '한국고전선집'에는 이런 경험과 전문성이 오롯이 담겨 있습니다. 오랜 경력을 지닌 국내 최고 수준의 전문가들이 선집 번역의 품질을 관리하여 가장 정확하고 유익한 책을 만들 것입니다.

고전은 언제나 우리 곁에 있었습니다. 먼지를 뒤집어쓰지도 않았고, 서고 속에 갇혀 있지도 않았습니다. 아무리 밝고 아름다운 달도 고개를 들어 쳐다보지 않으면 그 존재를 알 수 없듯이, 우리가 돌아보지 않았을 뿐입니다. 이 선집 시리즈가 여러분이 고전으로 돌린 시선을 계속 사로잡을 수 있으면 좋겠습니다.

한국고전선집 기획위원

| 차례 |

제2장

어떻게 살 것인가

제3장

이별 앞에서

제4장

백성을 위한 나라

제5장

우리 시대의 문학

제6장

정조와 대화하다

제7장

평가

이가환은 누구인가

조선 후기 남인 문단의 주요 문인인 이가환李家煥, 1742~1801은 노긍, 심익운과 함께 조선 후기 3대 천재로 불린 인물이다. 이가환의 본관은 여주, 호는 금대錦帶이다. 1742년 서울 황화방皇華坊에서 아버지 혜환惠寰 이용휴李用休와 유헌장柳憲章의 딸인 진주 유씨 사이의 1남 5녀 중 셋째로 태어났다. 조선 후기 실학자 성호星湖 이익李瀷의 종손으로서, 성호로 대표되는 여주 이씨驪州李氏의 가학家學을 계승했다. 우리나라 최초의 천주교 영세교인인 이승훈李承薰의 외숙이기도 하다. 해박한 지식과 뛰어난 기억력을 지니고 있던 이가환은 많은 문인들이 여러 기록에서 그의 천재성을 격찬한 바 있다. 그중에서 이가환에 대한 가장 상세한 기록은 정약용의 「정헌묘지명貞軒墓誌銘」이다.

> 공은 기억력이 뛰어나 한번 본 글은 평생토록 잊지 않고 한번 입을 열면 줄줄 내리외는 것이 마치 호리병에서 물이 쏟아지고 비탈길에 구슬을 굴리는 것 같았다.

무엇이든지 물으면 조금도 막힘없이 쏟아 놓는데 모두 연구가 깊고 사실을 고증하여 마치 전공한 사람 같으니 물은 자가 매우 놀라 귀신이 아닌가 의심할 정도였다.

이 기록은 이가환의 천재성을 유감없이 보여 준다. 한마디로 이가환은 모든 방면에 무불통지無不通知했던 인물이다. 1777년영조 47 진사시에 합격하였고, 1777년정조 1에는 증광시增廣試에 을과乙科로 급제하였다. 이때부터 이가환과 정조의 떼려야 뗄 수 없는 운명적인 관계가 시작되었다. 1780년 서른아홉 살 때에는 비인 현감에, 1781년에는 예조 정랑에 제수되었다.

1782년, 아버지 이용휴의 상을 당하였다. 1784년에는 조카 이승훈이 북경에서 돌아오고 지식인들 사이에서 서학西學이 회자될 때 천주교에 대한 학문적인 관심과 우려를 가지고 이벽과 논쟁을 벌였다. 그러나 이벽으로부터 서학 입문서와 『성년광익聖年廣益』 등을 빌려 탐독하고 난 뒤부터는 제자들에게도 전교하는 열렬한 신자가 되었다. 1786년 마흔다섯 살에 외직인 정주 목사에 부임하였다. 1787년에는 재임 중에 암행어사 이곤수의 서계書啓로 파직되어 김화金化에 유배되었다. 이때부터 첨예한 정치적 상황에서 부침을 거듭하게 된다. 채제공의 후계자로까지 지목될 만큼 정치적으로 비중 높은 인물로 부각되지만 그에 못지않게 반대파의 공적公敵이 되기도 하였다. 1791년 조상의 신주를 불태운 윤지충의 진산珍山 사건으로 천주교인들이 비난을 받자 남인 신서파信西派의 우두머리로 지목되어 광주 부윤으로 좌천되었다. 이 사건을 계기로 서학과 관련되었다는 의심을 받게 된다. 이후 서학에 대한 연구를 중단하고 광주 부윤으로서 천주교도를 탄압하였다.

1792년, 부교리 이동직이 이가환의 문체가 순정하지 않다는 이유로 비난하는 상소를 올렸다. 이가환은 서학과 특유의 문체로 인해 반대파로부터 집중적인 견제와 공격을 받았다. 하지만 정조는 곤욕을 치르는 이가환을 매번 극진히 비호해 주었다.

1795년 정조의 정책 변화로 채제공, 정약용 등 규장각 출신 남인이 대거 중앙 정치에 등용되었다. 이때 공조 판서가 되었고, 정약용과 함께 화성華城 축성 사업에 참여하였다. 하지만 정치의 중심으로 들어올수록 신변의 위협도 커졌다. 1799년 자신의 후계자로 추천할 정도로 이가환을 신임하고 지지했던 채제공이 죽고, 뒤이어 1800년 정조까지 승하하면서 반대파인 벽파 세력의 정치 공세가 날로 거세졌다. 1801년에는 신유박해에 연루되어 이듬해 2월 9일 이승훈, 정약용 등과 함께 하옥되어 국문을 받고 그달 24일 옥중에서 단식 끝에 절명하였다.

그의 저술로는 시문을 모은 『시문초詩文艸』와 『금대집錦帶集』, 책문을 모은 『금대전책錦帶殿策』, 우리나라의 역사와 문화를 기록한 『정헌쇄록貞軒鎖錄』이 있는데, 모두 필사본이다. 국립중앙도서관과 서울대학교 규장각 그리고 이가환의 후손인 이돈형 씨가 소장하고 있으며, 각 판본별로 수록 작품에는 조금씩 차이가 있다. 『정헌쇄록』은 원래 일본 동양문고 『동패낙송 속東稗洛誦續』에 전하는 것인데, 성균관대학교에서 『근기실학연원제현집』을 간행할 때 '정헌쇄록'으로 바꾸어 출간하였다. 실제 『동패낙송 속』은 모두 이가환의 글이기 때문에 『동패낙송』과는 아무 관련성이 없다. 정약용은 「정헌묘지명」에서 『금대관집錦帶館集』 10책이 있었다고 하나 현재 책 중 가장 많은 작품을 수록하고 있는 것은 국립중앙도서관 소장의 『시문초』 4권 4책이다. 이번 번역은 이 책을 저본으로 하고, 여기에 빠진 작품은 타 기관 소장본에서 발췌하였다.

이가환은 하층민이나 소외된 계층에 대한 기록을 많이 남겼다. 후세에 전할 만한 행적을 남겼으나 미천한 신분이라는 이유로 정당한 평가를 받지 못했던 인물들의 삶을 적극적으로 기록하였다. 문묘지기, 병졸, 효자, 열녀, 기녀, 유배객까지 다양한 인물을 다루었다. 그가 인물을 바라보는 시선에는 선친 이용휴의 영향도 적잖았던 것으로 보인다. 이용휴는 사대부뿐 아니라 시정 여항인들과도 격의 없이 지내며 활발하게 교류하였다.

임진왜란과 병자호란의 위기 상황 속에서 나라를 위해 목숨을 아끼지 않았던 의사義士나 의병義兵에 대한 행적도 자세히 기술하였다. 그중 청도에 살던 박경신 부자와 그의 친인척 14명이 분연히 일어나 왜적에 맞섰던 일과, 곽재겸이 두 아들과 부인을 잃고서도 의연하게 곽재우를 따라 나선 일에 대한 기록은 비감하기까지 하다.

한편 가족과 지인에 관한 글들은 이용휴의 기록과 겹치는 부분이 많다. 그는 선친을 통해 여러 저명한 인물을 직접 만날 기회를 얻은 셈이다. 이가환의 글을 통해 조선 후기 문단의 거두이자 장서가였던 이용휴의 모습도 재확인할 수 있다.

이가환은 외직에 부임한 후 백성들의 삶을 직접 마주하면서 부패한 관료들의 부정으로 고통받는 백성들의 원망과 불신을 시로 표현하기도 하였다. 또한 문장으로 이름났던 그는 여러 문인들과 교류하며 그들의 시집과 각종 저술에 서문을 써 주었으며, 그를 통해 그의 문학론의 일단을 드러내었다. 이 밖에도 처세와 경세, 수신 등 다양한 방면에 기록을 남겼다.

사실 이가환은 정약용의 기록 등으로 볼 때 상당한 양의 글을 남겼을 것으로 생각되지만, 현재 전하는 것은 많지 않다. 이덕무의 『청비록淸脾錄』에 따르면 이미 그 당시에도 이가환의 시가 많이 남아 있지 않았던 것으로 보인다. '서학쟁이'로 몰려 죽었기에 더욱 문집이 온전히 전하기는 힘들었을 것이다. 그의 많은 글이 지금껏 남아 있다면 문학사를 더 풍성히 했을 것이란 사실은 의심할 나위가 없는데, 그렇지 못한 것이 매우 안타깝다.

이가환은 정조로부터 '정학사貞學士'라 불릴 만큼 대학자였으며, 특히 천문학과 지리학, 기하학에 정통해 스스로 "내가 죽으면 이 나라에 기하학의 맥이 끊어지겠다."라고 할 만큼 수학의 대가였다. 이런 탁월한 재사才士가 정치 논란에 밀려 허망하게 죽었다.

제1장

기록의 이유

사람처럼 좋은 공부거리도 없다. 이가환은 재야에 숨어 있는 사람들의 이야기를 찾아서 기록하였다. 누군가 기록하지 않으면 아무에게도 기억되지 않을 삶에 대해 따스한 시선을 보냈다. 나라가 어려운 환란에 처했을 때 분연히 일어나 싸웠던 수많은 이름 없는 무명용사들, 효도나 절개를 위해서 죽어간 효자나 열녀, 묵묵히 자기 위치에서 최선을 다해 제 할 일을 했던 사람들까지 다양한 인물 군상이 그의 붓을 통해 역사의 장을 수놓는다.

최영원의 의로운 죽음
崔義士贊

최영원崔永元은 자가 충보忠甫이고 해주海州 사람이다. 광해군 때 무과에 급제하여 서쪽 변방에 수자리 살러 나갔다가 김응하金應河 장군을 따라 심하深河의 전투에 나섰다가 전사하였다. 그러나 사람이 미천해서 이름이 묻혔으므로 정려旌閭와 증직贈職을 받지 못하였다. 내가 감동하여 그를 위해서 이 찬贊을 짓노니, 그 일을 기술한 사람은 충보의 7세손 규현奎顯이다.

찬에 이른다.

부찰富察 들판에 마른 뼈가 많도다. 비록 마른 뼈이지만 규珪 같고 벽璧 같도다. 아름답도다! 지위 높은 장수들은 명성이 하늘에 찼거늘, 슬프도다! 나처럼 한미한 자는 누가 드러내 주고 누가 전해 줄까. 함께 장렬히 죽었지만, 영욕이 이처럼 다르구나. 멀고 먼 호천昊天이여! 어떻게 공평하다고 할 수 있겠는가. 손자가 효성스러워 찬란하게 명성을 드러내게 되었도다. 그대를 안쓰럽게 여겨서가 아니라 뒷사람의 몫이기 때문이로다.

1618년광해군 7 조선과 명의 연합군이 만주의 심하 부찰에서 후금後金의 군대와 싸웠다. 이때 최영원은 관서 지방에 수자리 살러 갔다가 김응하를 찾아가 전투에 자원하였고 결국 순사殉死하였다. 그러나 그의 죽음에 대한 보상은 전혀 없었다. 그저 여러 참전 군인 중에 한 사람의 죽음일 뿐이었다.

1813년순조 13 영의정 김재찬이 이노·권응심·최영원에게 한 품계를 올리고 그의 충을 기리는 뜻에서 정문을 세워 표창할 것을 아뢰었다. 여기에 최영원의 행적이 자세히 나온다.

1618년 출신出身 최영원이 관서 지방으로 수자리 살러 갔는데, 김응하를 찾아가 심하의 전투에 따라가기를 자원하므로, 김응하가 말하였다.

"전쟁이란 죽음에 이르는 곳이다. 그대는 관리의 직책도 없으면서 무엇 때문에 죽을 곳으로 가려 하는가?"

최영원이 분개하듯이 말하였다.

"나는 죽음이 두렵지 않소. 나라를 위하여 죽는 것이 소원입니다."

마침내 김응하와 함께 심하에서 싸우게 되었는데, 크게 소리를 지르며 달려 나가 수없이 적병을 살상하였으나, 마침 큰바람이 불어 앞이 흐려 전군이 함께 궤멸되고 말았다. 이튿날 죽은 곳을 살펴보니 김응하와 함께 버드나무 밑에 쓰러져 있었다고 한다.

최영원에 대한 기록은 상당히 많이 남아 있다. 먼저 조윤대의 『최열사전崔烈士傳』이 있는데, 여기에는 신헌조의 「서최열사전후書崔烈士傳後」, 이의필의 시 1수, 홍석주의 「제최열사사상후題崔烈士事狀後」도 함께 수록되어 있다. 이뿐만이 아니다. 김재찬, 김조순, 남공철, 박준원, 성해응, 이만수, 조진관 등 유명 문인들이 그에 대한 시문을 남겼다.

나라를 사랑하고 지켜 낸 사람이 어디 이름난 장군뿐이겠는가. 그렇지만 저 들판에서 까마귀 밥이 된 채 무덤에도 묻히지 못한 무명용사들의 죽음을 아무도 기억하지 않는다. 하지만 그들의 희생이 외적으로부터 오래도록 나라를 지킨 가장 큰 힘이었다는 사실만은 분명해 보인다.

훈련도감 병졸의 시험 감독
記訓局*卒事

1763년영조 39에 진사시進士試 합격자를 발표하였다. 그런데 임금께서 시험이 공정하지 않아 부정하게 합격한 사람이 많다고 여겨 모두 경복궁에 불러들여 다시 시험을 치르게 하고, 응시자마다 훈련도감 병졸 한 사람을 붙여 지키게 하였다.

당시에 조씨趙氏 성을 가진 유생이 많은 돈을 써서 합격하였는데, 자신이 궁지에 몰릴 것을 짐작하고 미리 갑사甲士와 약속하고는 허리에 돈을 차고 시험장에 들어갔다. 그런데 자신을 지키는 병졸이 매우 철두철미해서 유생은 뜻밖에 운신하기가 어려웠다.

시제試題가 내걸리자 선비는 짐짓 글을 잘 쓰는 체하여 무지한 병졸을 속이려 했다. 그래서 곧바로 붓을 빼 들고 종이를 펼쳐 놓고는 쓰고 지우기를 계속하며 초고를 작성하는 것처럼 하였다. 그러다가 곁눈으로 갑사가 왼편 가까이에 있는 것을 보고는 그를 가리키며 병졸에게 말하였다.

* 훈국訓局은 훈련도감을 달리 이르는 말이다.

"저 사람은 나와 함께 글 읽던 친구일세. 내가 가서 봐야겠네."

병졸은 허락하지 않았다. 그러자 선비가 펴 놓은 시험지를 보여 주며 말하였다.

"내 글은 이미 반절이나 완성되었네. 도움을 받으려는 게 아니라, 잠시 물어볼 게 있어 그러니 행여 의심일랑 말게나!"

역시 허락하지 않았다. 일이 생각대로 되지 않자 유생은 돈으로 회유하려 했다. 차츰 액수를 늘려가다 3천 냥까지 이르렀으나 끝내 허락하지 않았다. 좋은 밭 5경頃으로 회유하자 병졸이 웃으며 말하였다.

"소인이 감히 공의 부탁을 들어주지 못하는 것은 상감의 명을 받들기 위해서이지 뇌물이 적어서가 아닙니다. 만일 들어줄 만한 부탁이라면 어찌 액수가 늘어나기를 기다리겠습니까. 소인은 벌써 공에 대해서 알고 있습니다. 공은 자수하는 게 마땅하고 다른 생각을 해서는 안 됩니다. 더는 말씀하지 마십시오!"

유생은 결국 백지를 제출하였다. 임금은 그의 이름을 합격자 명단에서 삭제하고 귀양을 보냈다. 유생은 그 일을 한스럽게 여기다가 얼마 후 병으로 죽었다. 죽음에 임박하여 탄식하며 말하였다.

"병졸이 나에게는 참으로 원망스럽지만 그는 현자이다. 그의 성명을 묻지 않은 것이 한스럽다."

나는 말한다.

"병졸의 현명함은 말할 필요조차 없지만 나는 그가 무엇을 위해서 그렇게 하지 않은 점을 대단하게 여긴다. 무릇 사람이 추구하는 것은 명예가 아니면 이익이다. 혹 명성을 높일 마음이었다고 해도 세상에 이익을 보고도 하지 않는 자가 있다면 충분히 현자라 이를 만한 것이다. 하물며 세울 만한 명성이 없는데도 이익에 끌리지 않은 자야 말해 무엇하겠는가. 우인虞人이 정旌으로 부른 것을 사양한 일*이라도 어찌 이 사람보다 낫다고 할 수 있겠는가. 병졸이 본래 명성을 위하지 않았기 때문에 이름이 끝내 전하지 않게 되었으니 슬프도다."

* 옛날에 임금이 폐백을 가지고 예로써 선비를 초빙하여 정사를 맡겼다. 우인은 의관衣冠으로 부르고, 서인庶人은 전旃으로 부르고, 사士는 기旂로 부르고, 대부大夫는 정旌으로 불렀는데, 대부를 부르는 것을 가지고 우인을 부르면 우인은 죽어도 가지 않았다. 『맹자』「만장 하萬章下」.

조선 후기에 오면 온갖 종류의 과거 부정이 판을 친다. 돈을 주고 글을 사거나買文借述, 이름을 바꾸어 대리 시험을 치르는換名代入 일 등이 대표적인 사례였다. 오죽하면 난장판이라는 말이 과거장의 혼잡스런 상황에서 유래했을까. 이옥의 「유광억전柳光億傳」에는 유광억이 남들에게 과시科詩를 팔아서 생계를 유지하다가 문제가 되자 끝내 스스로 강물에 빠져 죽은 이야기가 실려 있다. 노긍盧兢은 과거 시험장에서 글을 팔았다는 죄목으로 평안도 위원渭原 땅에서 6년간 귀양살이를 하기도 했다.

이 글은 이극성의 『형설기문螢雪記聞』에도 실려 있는데 내용은 크게 다르지 않다. 이미 합격자 발표가 났는데 임금은 아무래도 의심스러웠는지 재시험을 치르도록 명하였다. 훈련도감의 병졸 한 사람을 응시자마다 배치했을 정도로 감독을 강화하였다. 부정한 방법으로 합격한 조씨는 자신의 담당 병졸을 또다시 매수하려 무진 애를 써 보지만 끝내 실패하고 만다. 결국 백지를 제출하고 응분의 대가를 치른 그는 얼마 뒤 병으로 숨을 거두었다. 그는 절명의 순간에 병졸에 대한 원망보다 그의 현명함을 인정하였다. 이때 부정한 방법으로 위기를 모면했다면 이후에 감당 못할 화를 당했을지도 모를 일이다. 그나마 병졸 덕분에 더 큰 화를 피한 것은 아니었을까.

효자 홍차기

孝子洪此奇碣銘

동자의 이름은 홍차기洪此奇이다. 그의 아버지는 홍인보洪寅輔인데 법에 걸려 한 달에 세 차례씩 심문을 당하여 살점이 터지고 진물이 났다. 아이가 밥을 먹다가도 아버지가 고문당할 때면 용케 알고는 큰소리로 울며 뒹굴었다. 어미가 아이 아버지의 억울함을 호소하러 서울로 달려갔다가 피눈물을 다 쏟고는 객지에서 죽었다.*

그러자 아이가 아버지에게 하직 인사도 없이 훌쩍 떠나서 신문고를 치면서 한 해가 다 가도록 대궐문 앞에서 떠나지 않았다. 머리는 봉두난발에 발은 부르터서 보는 사람마다 탄식하고 먹을 것을 주거나 서캐를 잡아 주기도 하였다. 마침 나라에 큰 가뭄이 들어 억울하게 갇힌 죄수는 없는지 살피던 차에 지위 높은 신하가 홍차기의 일을 보고하니, 임금께서 말씀하였다.

* 이 뒤에 '視不受含 旅復衣'라는 문장이 있는데, 어머니가 한을 품은 채 객지에서 죽었다는 내용으로 추측되지만 정확한 해석이 어렵기 때문에 이 부분을 제외하고 번역하였다. 오자나 결락이 있을 가능성도 있는 듯하다. 참고로 강세진의 『경현재집』에는 홍차기가 열한 살 때 어머니를 수레에 태우고 서울로 가서 신문고를 친 것으로 기술되어 있다.

"알았다. 본도本道의 감사에게 지시를 내려 증거도 없이 일방의 말만 듣고 판결한 사건을 제대로 살피게 하라."

아이가 제힘을 생각하지 않고 내달려 가니 오가는 역마들보다도 빨랐다. 그런데 구십 리를 남기고 병이 깊어 위독해지자, 기어서 대궐에 나아가서 임금의 은혜를 기다렸다. 은혜로운 말씀이 내려졌을 때는 겨우 숨이 붙어 있었으나, 옆에 있던 사람이 사면한다는 글을 읽어 주자 듣고는 벌떡 일어나서 말하였다.

"아버지, 아버지. 살았네요!"

이윽고 눈을 감고 세상을 떠났다. 그의 아버지가 옥에 들어갈 때는 아이가 배 속에 있었고, 아버지가 옥에서 나올 때는 아이가 상여에 있었다. 14년 동안을 하늘이 실로 쇠퇴한 세상의 풍속을 안타깝게 여겨서 그를 통해서 붙들게 한 것 같으니, 아! 사람의 모범이 여기에 있도다.

홍차기는 충청북도 충주 출신의 효자이다. 그의 이야기는 홍양호의 「홍효자차기전」, 강세진의 「홍효자차기전」, 홍석주의 「호서효절기湖西孝節記」라는 작품으로 남았고, 유재건의 『이향견문록里鄕見聞錄』, 이원명의 『청구야담靑邱野談』 등에도 실려 있다. 일제 강점기에는 매일신보, 동아일보, 『월간야담月刊野談』 등에 연재되었다.

조선 후기의 문신 이원명이 야담과 패설稗說 등을 수집하여 편찬한 『동야휘집東野彙輯』을 참고해 보면 홍차기가 태어나기 전 아버지 홍인보는 살인 누명을 써 옥살이를 하고 있었다. 어머니 배 속에 있을 때 벌어진 사건이지만 어린 홍차기는 이 일을 잊지 않았다. 신문고를 치고 대궐문에서 떠나지 않으면서 거지꼴로 그 자리를 지키면서도 결코 포기하지 않았다. 무려 14년의 세월을 아버지의 구명을 위해 노숙도 마다하지 않았다. 정성이 하늘에 닿았는지 이 일이 임금의 귀에 들어갔고, 재조사하라는 명령을 받아 냈다. 홍차기의 아버지는 다행히 죽음을 면하고 귀양 가게 되었다.

이가환은 1795년정조 19 10월 충주 목사로 재임할 당시, 홍차기의 효행을 기리는 비석과 보호각을 정려旌閭와 같은 형태로 세웠는데, 현재 충청북도 충주시 노은면 가신리에 있다.

열녀 임씨
烈女林氏傳

열녀 임씨林氏는 통천通川 사람인 이생李生의 아내이다. 1755년 영조 31 큰 흉년이 들어서 부부가 구걸을 하며 돌아다니다가 부자 아무개의 집에 이르렀는데, 부자가 이들을 며칠 동안 잘 먹여 주었다. 임씨가 말하였다.

"흉년에는 밥 한 그릇에도 낯빛이 달라지는데, 지금 여러 그릇을 주면서도 좋은 낯빛을 하고 있으니 어찌 떠나지 않을 수가 있습니까!"

이생은 듣지 않았다.

부자가 이생에게 말하였다.

"객이 오랫동안 놀고먹었으니 나와 함께 나무나 하러 가겠는가?"

부자는 이생을 꾀어 산속에 도착하자 살해하였다. 저녁에 돌아와서는 거짓으로 임씨에게 물었다.

"객은 돌아왔는가?"

임씨가 말하였다.

"아직 돌아오지 않았습니다."

부자는 또 짐짓 놀라는 체하며 찾는 시늉을 하였다. 그러다 찾지 못하자 임씨에게 말하였다.

"자네 남편은 분명히 범한테 물려 죽었을 것이니 이 일을 어찌한단 말인가."

임씨는 그 말을 듣고도 슬퍼하지 않았다.

조금 있다가 부자가 임씨에게 말하였다.

"자네는 젊고 고우니 다른 곳으로 가더라도 정절을 지킬 도리가 만무하네. 내가 지금 막 홀아비가 되었고, 집안에는 노모가 계시는데 모실 사람이 없으니, 나와 부부가 되는 것이 어떻겠는가?"

임씨가 이를 허락하였다. 부자가 크게 기뻐하여 합방을 요구하자, 임씨가 말하였다.

"제가 이미 당신과 부부가 되기로 허락했지만 반드시 좋은 날을 택해서 술과 음식을 갖추고 이웃을 모아야만 될 것입니다."

부자가 더욱 기뻐하였다. 임씨는 부자가 자기를 철석같이 믿고 있음을 확인하고 은밀히 부자에게 이렇게 말하였다.

"제가 벌써 알고 있었습니다. 죽은 지아비의 시신이나 함께 묻어 주었으면 합니다. 그런 다음에는 말씀대로 하겠습니다."

부자가 곧바로 임씨와 산속에 들어가서 시체가 있는 곳을 알려 주었는데, 남편을 살해하여 큰 바위를 짓눌러 놓은 것이었다. 이에 임씨가 말하였다.

"이것도 장사를 지낸 것이라 하겠습니다."

그러고는 함께 돌아왔다.

혼인하기로 약조한 날이 되자 부자는 사람을 모아 놓고 술을 마음껏 마셨다. 잔치가 끝나자 임씨가 방으로 들어가서 또 술을 권하고는 부자가 만취한 틈을 타 품 안의 단도를 뽑아 부자의 배를 갈라 간과 심장을 끄집어내어 씹었다. 이튿날 아침 부자의 어머니가 아들이 방에서 오래도록 나오지 않는 것을 이상하게 여겨 문을 두드려 부르자, 임씨가 뛰쳐나와 노파를 잡고 말하였다.

"네 아들놈이 내 남편을 죽여서 내가 네 아들놈을 죽였으니, 지금 너와 함께 관아에 가서 자수하겠다."

온 마을 사람들이 떠들썩하게 함께 관아에 들어가니, 군수 유정원柳正源이 시체를 검안하고 일의 정황을 자세히 파악하여 관찰사에게 보고하였다. 이에 관찰사가 다음과 같이 판결하였다.

"부자는 죽어야 마땅한데 이미 죽었고, 임씨는 지아비의 원수를 갚았으니 죄가 없다. 관아에서 관을 만들어 주어 이생의 시체를 장사 지내게 해야 할 것이다."

이에 임씨는 가위와 자를 가지고 수의를 지었다. 시신이 관에 들어가자 그제야 크게 통곡하며 말하였다.

"내가 일찍이 당신에게 말했는데도 당신은 끝내 듣지 않더니, 인제 와서 어찌한단 말입니까."

그러고는 칼을 뽑아 자결하였다. 군수가 매우 놀라 다시 관찰사에게 보고하니, 관찰사가 탄식하고서 다시 부의를 후하게 내려 주어 이생과 합장하게 하였다.

외사씨는 말한다.

"부부는 정이 지극히 가깝다. 아무런 까닭도 없이 밥을 잘 먹여 주는 것은 매우 의심스러운 일이다. 일이 위태로워지려 할 때 지극히 가까운 정으로 매우 의심스러운 정황을 밝혔는데도 끝내 먹혀들지 않았으니, 슬프다! 저와 같은 지혜와 용기로도 불행한 때를 만나 끝내 부부가 함께 목숨을 잃고 말았다. 그러므로 이 일을 기록하여 그 행적이 사라지지 않도록 한다."

까닭 없이 베푸는 지나친 호의는 무심함이나 무례함보다 더 위험할 수 있다. 부부가 고을 부자에게 며칠 의탁했다가, 부자가 그 부인에게 흑심을 품어 남편이 살해되는 변고를 당하였다. 부자는 그 남편이 범한테 물려 죽었을 것이라고 둘러대지만, 아내는 이미 사태를 알아차리고 침착하게 대응한다. 결국, 부자와 혼례하기로 약조한 날에 부자가 만취한 틈을 타 복수하고야 만다. 관에서는 아내의 복수에 대해 무죄를 선고하였다. 아내는 직접 수의를 만들어 남편의 상을 치른 뒤 자결한다. 조선 시대에는 남편의 복수를 위해 원수를 죽이고 스스로 목숨을 끊는 아녀자를 열녀烈女라는 이름으로 추앙하였다.

강홍운, 모두가 슬퍼한 죽음
梅隱姜公行狀

공은 이름이 홍운興運이고 자는 문거文擧이다. 성은 강씨姜氏로 진주 사람이니, 고려 때 상주국上柱國 은열공殷烈公 민첨民瞻의 후예이다. 대대로 유명한 사람이 배출되었으며, 5대조 덕룡德龍은 임진년의 국난에 망우당忘憂堂 곽재우郭再祐, 대소헌大笑軒 조종도趙宗道와 함께 의병을 일으켜 왜적을 토벌하였다. 이분이 득윤得胤을 낳았고 득윤이 오墺를 낳았으며, 오가 익주翊周를 낳았고, 익주가 여보汝輔를 낳았으니, 이분이 공의 부친이다. 어머니는 해주 정씨海州鄭氏이니 반攀의 따님이고 농포農圃 문부文孚의 증손이다. 1711년숙종 37 모월 모일에 공을 낳았다. 공은 효성스럽고 형제간에 우애하였으며 간중簡重하고 과묵하여 기쁨이나 노여움을 얼굴에 드러내는 적이 없었다.

부친을 여의고 재산을 나누게 되자 자기에게는 박하게 하고 누님과 누이동생에게는 후하게 하였다. 일찍 죽어 후사가 없는 누이동생이 있었는데 누군가 분배할 대상에서 빼자고 하자 공은 "안 된다." 하고 마침내 균등하게 나누었다. 일가 중에 가난 때문에 밭을 팔려고 하는 자가 있었는데 밭이 척박해 팔리지 않자, 공이 말하였다.

"가난이란 슬픈 것이로다. 가난 때문에 밭을 팔려고까지 하는데 그마저 척박하여 팔지 못하다니!"

그러고는 자신의 비옥한 밭으로 바꿔 주었다.

속전을 내고 양인良人이 되려고 하는 노비가 있어 자식들이 이미 값을 헤아려 정하였는데, 공이 문서를 살펴보고 반을 감해 주었다. 누군가 이에 대해 말을 하니 공이 근심스러운 표정으로 말하였다.

"몇 해 전에 홍진이 돌아 사방 이웃이 일찍 죽은 자식 때문에 곡을 했으나 우리 자손 중에는 한 사람도 요절한 자가 없었다. 또 지난해에는 나의 두 아들이 장성한 나이에 천연두에 걸렸으나 잘 넘겼다. 나는 이를 두렵게 여겨 항상 화가 따르게 될까 봐 두려워하였다. 그러니 어떻게 돈을 많이 받을 수 있겠는가."

평상시에 곤궁한 사람을 돌봐 주고 고아를 불쌍하게 여겨 시집가고 장가드는 비용을 도와주고 장사 지내는 데에 부의를 보내 준 것이 다 헤아릴 수 없을 정도로 많았다.

공이 죽어 장지葬地를 잡을 때 장지가 절에서 가까웠는데, 승려들이 말하였다.

"어진 사람을 장사 지내는 것이니 금할 수가 없다."

그러고는 드디어 승낙하였다.

장사 지낼 때 근처에서 도둑들이 발각되었다. 관원이 그들을 잡아서 신문하니, 도둑들이 말하였다.

"우리들도 사람인데 차마 어진 사람이 살던 마을에서 장사 지내는 빈틈을 노려 도둑질하겠습니까."

무덤 근처를 돌아다니며 구걸하는 자들도 서로 경계하여 말하였다.

"우리들이 강 공이 살아 있는 동안 폐를 많이 끼쳤으니, 삼가서 강 공의 장사에는 폐를 끼치지 말자."

그리하여 사망한 날부터 장사 지낼 때까지 문상객만 있을 뿐 난폭한 자들이 없었다.

군자가 말하였다.

"덕이 멀리까지 영향을 미치니 강씨는 훌륭한 후손을 둘 것이다."

공은 장수와 복록를 누리고 일흔다섯 살에 죽어 지리산 남쪽 기슭의 청암靑巖 모좌某坐에 장사를 지냈다. 배위는 진주 하씨晉州河氏이니 윤관潤寬의 따님이다. 아들 넷을 낳았으니 필준必儁, 식준式儁, 석준碩儁, 이준爾儁이고, 서자가 넷이니 화준華儁, 상준尙儁, 희준喜儁, 최준最儁이다.

강홍운은 진주 사람으로, 인품이 좋은 데다 가난한 사람을 많이 도와 주변에서 명망이 높았다. 고장 사람들이 모두 신의 있는 사람이라고 그를 칭송하였다. 진주의 향토사를 기록한 『진양속지晉陽續誌』「유행조儒行條」에 이름이 올랐으며, 정범조의 『해좌집海左集』에는 그의 묘지명인 「매은강공묘지명梅隱姜公墓誌銘」이 실려 있다.

강홍운의 사람됨은 그의 행장에 실린 몇 가지 일화만으로도 충분히 짐작할 수 있다. 그는 부친이 돌아가신 뒤 집안 재산을 나눌 때, 죽은 누이의 몫을 빼자는 주변 의견을 단호히 물리쳤고, 면천되려는 집안 노비의 속전을 절반으로 줄여 주었다. 그뿐만 아니라 불쌍한 사람들을 구제하는 일에도 매우 적극적으로 나섰다. 그런 선행을 하다 세상을 뜨자 인근에 사는 중들은 장지를 마련해 주고, 도둑들은 장례를 치르는 동안 그 고을을 털지 않았다. 심지어 거지들까지도 행실을 삼가며 근신하였다.

사람이 어떤 삶을 살았는지는 죽을 때를 보면 알 수 있다. 모두가 슬퍼하고 아쉬워하는 죽음이라면 그 삶은 헛되지 않은 것이다.

조선이 잃어버린 한 사람, 노긍

盧漢源墓誌銘

우리나라 수천 리 안에서 하루에 태어나는 사람은 몇이고 죽는 사람은 몇이나 될까. 태어나도 사람이 늘었다는 생각을 주지 못하고 죽어도 사람이 줄었다는 생각을 주지 못하는 사람이 얼마나 많겠는가.

1738년영조 14 12월 18일 광주부廣州府 쌍령촌雙嶺村에서 산이 세 번 울고 냇물이 세 번 울더니 한원漢源이 태어났다. 1790년정조 14 5월 3일 모친상의 상복을 연복練服으로 갈아입는 날을 맞아 예법대로 제수를 올리고 술을 따랐다. 이튿날 손님들을 문밖까지 나가 배웅하고는 돌아와서 바로 눈을 감고 한원이 죽었다. 그가 태어났을 때 우리나라는 한 사람을 얻었고, 그가 죽자 우리나라는 한 사람을 잃었으니, 곧 그의 사람됨을 알 만하다.

한원은 성이 노盧이고 이름은 긍兢이다. 처음에는 자를 신중愼仲으로 썼다가 뒤에 여림如臨으로 바꾸었으며, 한원은 또 다른 자이다. 본관은 교하交河이다. 시조는 강필康弼로 고려 때 선성부원군宣城府院君에 봉해졌다. 11대를 내려와 전琠에 이르러서 우리 조선에 입조하여 관찰사를 지냈다. 다시 5대를 내려와 경린景麟은 문과에 급제하여 헌납獻納을 지냈고 호는 체화당棣華堂이라 하였다. 다시 2대를 내려와 문한文漢은 문과에 급제하여 사간司諫을 지냈다. 또 2대를 전해 내려와 치당致唐은 참판參判에 추증되었다. 참판 공이 성규聖奎를 낳았는데 학생學生이었고, 학생 공이 명흠命欽을 낳았는데 진사進士였으며, 진사 공이 광주 이씨廣州李氏 석錫의 따님을 아내로 맞이하여 한원을 낳았다.

한원은 1765년영조 41 진사시에 합격하였는데 탄식하며 말하였다.

"내가 부모님을 기쁘게 해 드리는 데 뜻을 두었지, 이록利祿에 뜻을 둔 것은 아니었다. 진실로 부모님을 기쁘게 하는 데에 뜻을 둔 것이었으니 이것으로도 충분하다."

이때부터 대과에 급급하지 않았다. 1777년정조 1 권세 있는 사람들에게 모함을 당해서 위원군渭原郡에 귀양 갔다가 1782년 풀려나 돌아와서는 계모의 상을 치르다가 죽었다.

한원의 문장은 배포가 두둑했고 눈빛은 옥 같았으며, 붓을 휘두르는 것은 송나라의 도끼와 노나라의 창과 같이 더할 수 없이 정교하였다. 그는 세상의 몽매하고 촌스러우며 형식에 얽매이는 더러운 습관 일체를 배제하고서 하늘의 복판을 뚫고 나오는 듯, 달의 옆구리를 찢고 나오는 것*같은 놀라운 글을 썼다. 문장을 평할 때에는 인정이나 친분에 구애받지 않고 명성이나 위세를 배제한 채 온갖 법도를 가지고 정성을 다해 말해 주었다. 이 때문에 둥글거나 굽거나 바른 실상이 그의 평가를 벗어날 수 없었다. 이 때문에 명성이 한 세대를 풍미했으나, 꺼리는 자들이 떠들어 대는 바람에 죄에 걸렸다. 하지만 그다지 개의치 않았다.

성품이 곧아서 안 된다고 생각되는 일이면 아무리 많은 재물을 주더라도 돌아보지 않았다. 병든 사람 돌보는 일을 급히 하고 가난한 사람을 돕는 데에는 자신이 가진 것을 아낌없이 털어 넣었다.

1773년영조 49 증광회시增廣會試에 응시하였다. 그때 한마을에 사는 곤궁한 늙은 선비가 아무것도 쓰지 못한 시험지를 안고서 어정거리고 있었다. 한원이 돌아보고는 불쌍히 여겨 자신의 시험지를 건네주었다. 그래서 그 사람이 매미를 줍듯 우수한 성적으로 급제하였다. 한원은 한바탕 웃으며 기뻐할 뿐이었다.

그가 위원에서 귀양살이할 때 김 아무개가 자신보다 앞서 귀양 와 있었다. 이 사람의 아내가 구걸로 연명하며 남편을 만

* "유독 일가逸歌와 장구長句에는 탁월하고 격렬한 기세가 있어, 이따금 마치 하늘의 중심을 꿰뚫는 듯, 달의 옆구리를 찢고 나오는 듯이 뜻밖에 사람을 놀래키는 말들은 아무나 미칠 바가 아니다." 한 데서 나온 말이다. 황보식皇甫湜, 「고황집서顧況集序」.

나러 왔는데, 머리카락을 잘라서 입에 풀칠할 정도로 비참한 상황이었다. 한원이 자기의 전대를 보니 백금百金이 있어 이 돈을 몽땅 그 여인에게 주었다. 그의 의로운 행동에는 이런 종류가 많았다.

그의 주장은 대체로 매우 공정하였는데 사람들은 간혹 각박하다고 하였다. 처신을 매우 곧게 하였는데 사람들은 간혹 기이하다고 하였다. 모두 한원을 제대로 아는 사람이 아니었다.

한원은 기억력이 뛰어나 고금의 서적을 한번만 보면 대충 외울 수 있었다. 시무時務에 밝아 당시 인재들의 맡은 직책의 적절함과 국가 재정 상태에 대해서 하나하나 분석한 것이 모두 정곡을 찔렀다. 만약 역량을 펼 수 있는 곳에 쓰였다면 반드시 볼 만한 업적을 거두었을 것이다. 겨우 문인으로 자처할 만한 사람이 아니었다

요컨대, 총명하고 명민하기는 상열桑悅* 같고, 박학하기는 진인석陳仁錫* 같았다. 뛰어난 재주와 높은 의리로 꼿꼿하였고 품격이 높아 몸은 액운을 당하였어도 명성이 널리 퍼진 것은 서위徐渭* 같았다. 옛날 원굉도袁宏道가 서위를 평하여 이렇게

* 상열 1447~1503 은 명나라 사람으로 스스로를 맹자에 비기며 문장은 천하에서 최고라고 자부하였다.
* 진인석 1581~1636 은 명나라 말기의 문사이자 서화가이다. 경세經世의 학문을 강구했고, 학문을 좋아하고, 저술에 힘썼다.
* 서위 1521~1593 는 명나라 때 시·서·화에 각각 일가를 이룬 천재 문인이다.

말하였다.

"가슴속에는 마멸될 수 없는 한 자락 기개가 있었으나 영웅이 갈 길을 잃어 발붙일 곳이 없는 슬픔을 겪었다. 그러므로 그가 지은 시는 성내는 것 같고 비웃는 것 같으며 물이 계곡에 부딪히며 흐르는 것 같고, 쇠북이 땅에서 나오는 것 같으며, 과부가 밤에 곡을 하는 것 같고, 나그네가 추위에 떨다 일어나는 것 같기도 하다."*

이 평을 본 식자들은 원굉도는 서위를 알아준 환담桓譚*이라고 평하였다. 지금은 노긍을 알아줄 한담이 없으니 애석하다.

한원은 청주 한씨淸州韓氏에게 장가들었으니 봉사奉事 배진配晉의 따님이다. 아들 다섯을 두었으니 면경勉敬, 면정勉正, 면성勉省, 면병勉秉, 면응勉應이다. 면응은 양자가 되어 숙부인 노선盧選의 후사가 되었다.

명銘에 이른다.

문장의 길이 열리는 것이 文塗攸闢

* 1599년 원굉도가 소흥紹興을 유람한 뒤에 쓴 「서문장전徐文長傳」의 일부분이다. 박제가가 「묘향산소기妙香山小記」에서 이 글을 언급한 것으로도 유명하다.
* 환담 기원전 23~56 은 후한 때의 유학자이다. 양웅揚雄의 학문을 알아보았던 사람으로, 여기에서는 누군가의 가치를 잘 알아준 사람이라는 의미로 쓰였다.

우임금의 발자취가 갈석碣石에서 막힌 듯 若限禹跡
한원에 이르러서야 至于漢源
울타리를 부쉈도다 橫決其藩
사람들 둘러싼 채 바라보고 衆夫圜視
닭이 무소를 보고 놀라듯이 하였도다 如雞駭犀
오랜 세월 뒤엔 필시 논의가 정해질 터 論久必定
그때는 비명의 글을 상고하리라 維石有稽

충북 청주 출신인 노긍1738~1790은 이가환, 심익운과 함께 조선 후기 3대 천재 중 한 사람으로 알려져 있다. 높은 식견과 포부를 품고 과거 시험에 합격했으나 여러 정치적 상황 때문에 관직에 나아가지 못하였다. 과거 시험장에서 글을 팔거나 당시 권문세가인 홍봉한 집안에 의탁하여 그 집안 자제에게 공부를 가르치며 생계를 이어갔다. 그러다가 1777년 과거 시험장에서 답안지를 팔았다는 죄목으로 6년간 위원에 유배되었다. 1782년에 귀양에서 풀려나 과시科詩로 명성을 떨쳤다.

노긍은 이용휴·이가환 부자와 친교가 있었다. 노긍의 문집에는 이용휴와 수창한 시 한 편과 이가환에게 보낸 편지 한 통이 실려 있다. 게다가 노긍과 이가환은 네 살밖에 차이가 나지 않았고, 묘지명을 써 준 것으로 보아 그의 인품과 문장이 뛰어남을 이가환은 알아보았다.

이가환은 이 사람이 태어나자 조선은 한 사람을 얻었고, 이 사람이 죽자 조선은 한 사람을 잃었다고 했다. 도대체 얼마나 대단한 사람이었기에 이렇게까지 평가했을까.

그의 문장은 평범한 형식을 훌쩍 뛰어넘었으며, 남들의 문장을 평할 때에도 상대의 체면이나 서로의 안면을 봐서 적당히 넘어가는 법이 없었다. 부귀와 권세가 있는 사람에게는 자존심을 굽히지 않았고, 힘없고 약한 사람들에게는 한없이 너그러웠다. 그러한 그의 의로움은 귀양을 가서 어려울 때라고 예외가 없었다. 어디 그뿐인가. 시무에 밝아 공직에 올랐다면 크게 쓰일 인물이었으니 일개 문인으로만 그칠 그릇이 아니었다. 그러나 문장도 실무적인 역량도 무엇 하나 펴 보지 못하고 세상을 떴다.

이가환은 원대한 포부와 빼어난 기량을 갖춘 한 인재가 곤액을 당하고 그를 알아주는 이가 없는 당대의 고루한 풍토에 대해 울분을 토하였다.

베풀기 위해 태어난 최순성
癡堂崔公行狀

대개 낮은 지대 중의 높은 것은 높다고 할 수가 없고, 작은 것을 보태어 커진 것은 크다고 할 수가 없으며, 무지하고 고루한 지역에서 명성이 있는 사람은 반드시 현명하다고 할 수 없는 법이다. 혹 군자의 고장에서 여러 사람에게 추앙을 받는다면 그는 남보다 매우 뛰어난 것이다. 개성부는 고도故都이다. 그 풍속이 의義를 무겁게 여기고 은거하여 수신하는 것을 좋아하는데, 치당癡堂 최 공崔公 최순성은 특별히 효와 의로써 알려졌다고 한다.

공은 살아 계실 때 섬기는 것과 돌아가신 뒤 장사 지내고 제사 지내는 것을 모두 예에 맞게 하였다. 평소 친구들과 만나거나 술을 마시며 즐겁게 놀 때에도 일어나서 해를 보고 갑자기 자리를 떠나면 함께 있던 사람들은 그가 부모님을 뵈러 간다는 것을 알아서 감히 만류하지 못하였다. 어버이가 돌아가시자 묘소 곁을 떠나지 않았고, 나무를 심어 묘소를 보호하였다. 묘소 주변으로 나무꾼과 목동들이 많이 어슬렁댔는데, 처음에는 모두가 교활하고 미련하여 길들이기가 어려웠으나,

얼마 안 되어 스스로 서로 고하였다.

"이것은 효자가 심은 것이니 가지 하나라도 자르지 말도록 하자."

공은 둘째 아들인데, 제사 지낼 때마다 반드시 제수를 준비하는 것을 도왔다. 또 제수를 살펴보고는 잘 마련된 것을 골라서 칭찬하며 말하였다.

"이것은 좋고 이것도 좋습니다."

종부宗婦가 그 말을 듣고 늘 엄숙하게 더욱 정성을 다하였으니 사람을 감동하게 함이 이와 같았다.

재산을 나눌 때에 좋은 밭은 으레 양보하며 말하였다.

"이것은 제사를 주관하는 자가 가져야 할 것이다."

보물과 복식은 으레 양보하며 말하였다.

"계부季父 운봉 공雲峯公은 관직에 있는 분이니 이것은 마땅히 그분이 가져야 할 것이다."

가난하게 살다가 일찍 죽은 누이가 있었는데 집을 사 그 아들에게 주고 후하게 돌보았다. 종조從祖의 형제로서 제사를 주관하는 자가 집이 어려워져 파산하자 또한 이처럼 하되 예를 더욱 극진히 하였으니, 그 청렴하고 예양禮讓하며 화목함이 이와 같았다. 처사處士 고경항高敬恒은 훌륭한 행실로 세상에 알려졌으나 자식 없이 죽었다. 공이 그것을 슬프게 여겨 돌을 깎아 묘소에 세워 주니, 처사의 형 아무개가 듣고서 감탄하며 말하였다.

"후사를 이어 주겠다."

곧바로 자기 아들로 후사를 삼아 주었다. 그러자 공이 다시 그 아들에게 많은 밑천을 마련해 주어 경제적 기반을 다지게 하였다.

처사 임두林㞳는 숭악崧岳 임창택林昌澤의 종자從子인데 인품이 훌륭하지만 빈궁하였다. 공은 그와 가까운 사이는 아니었지만, 그가 숭악 공의 종자로서 훌륭한 인품을 지니고도 빈궁하게 지내는 것을 안쓰럽게 여겨 매달 돈을 넉넉하게 보내 주었고, 또 거마車馬와 수의 등을 보내 주었으니, 인품 높은 사람을 높여 끝까지 도와준 것이 이와 같았다.

이웃 고을에 어버이를 위해 손가락을 자른 자가 있었다. 공이 그 말을 듣고 그 행실을 아름답게 여겨 그 어버이를 장사 지내게 도와주었다. 후에 그 사람이 묘지 문제로 부당하게 송사를 벌였는데, 공이 달려가서 꾸짖자 그 사람이 부끄러워하며 굴복함으로써 송사가 끝나게 되었다. 공이 베풀기를 좋아하고 사리를 판단하는 것이 이와 같았다.

공의 도움으로 밥을 지어 먹은 자가 수백이고, 공의 도움에 힘입어 시집이나 장가를 가고 관을 장만하고 염습을 하고 장사를 지낸 자가 무려 수백이었으며, 흉년에 굶어 죽는 처지를 면한 자, 다급한 사정을 고하여 바라던 것을 얻은 자, 사정을 고하지 않았는데도 혜택을 입은 자가 이루 헤아릴 수 없을 만큼 많았다. 일찍이 공은 다급한 사람을 구해 줄 자금 수만금을 따로 비축하였는데, 공이 세상을 떠났을 때는 한 푼도 남아 있지 않았다.

아! 공은 효성과 의로운 성품을 타고난 것이 물이 차갑고 불이 뜨거운 것과 같아 배운 뒤에야 가능하거나 애써 노력해서 그렇게 된 것은 아니었다. 그가 다른 사람에게 베푼 것은 마치 화살이 활시위를 떠난 것과 같아서 반드시 한번 가면 돌아오지 않았고, 사람들이 그에게 귀의하는 것은 바퀴살이 바퀴통을 향하는 것과 같이 사면에서 집중되었으니, 듣기 좋은 말과 웃는 얼굴만으로는 거의 할 수 있는 일이 아니었다. 공의 장사에는 온 성안 사람이 다 모였고, 비 때문에 날짜를 바꾸더라도 사람들이 게을리하지 않고 더욱 참석하였다.

공은 이름이 순성舜星이고 자는 경협景協이다. 시조는 원遠인데, 고려 때 양천백陽川伯에 봉해졌기 때문에 양천인이 되었다. 9세조는 세구世球인데 개성부로 거주지를 옮겼다. 고조는 천립天立으로 집의에 추증되었고, 증조는 일신日新으로 좌승지에 추증되었으며, 조부는 위형巍衡으로 호조 참판에 추증되었고, 부친은 석찬錫贊으로 동지중추부사同知中樞府事를 지냈다. 모친은 개성 이씨開城李氏이니 인수寅秀의 따님이다. 1719년숙종 45 공을 낳았고, 1789년정조 13 2월 아무 일에 공이 세상을 떠났다. 아내는 단양 우씨丹陽禹氏로 용진龍珍의 따님이다. 공보다 2년 후에 태어났고 공보다 6년 앞서 세상을 떠났다. 개성부 서쪽의 석숭산石崇山 기슭 계좌癸坐의 언덕에 장사 지냈다가 공이 세상을 뜨자 그곳에 합장하였다.

공은 4남 1녀를 두었다. 장남인 진사 진관鎭觀과 차남 진함鎭咸은 모두 양자로 나갔고, 다음은 진익鎭益이고 그다음은 진겸鎭謙이다. 딸은 설계유薛綮儒에게 출가하였다.

여러 문사가 최순성의 가문에 대해 주목할 만한 기록들을 많이 남겼다. 개성에 살았던 한미한 가문치고는 이례적인 일이다. 특히 최씨 집안은 박지원과 인연이 깊었다. 최진관과 그 아우인 최진겸은 박지원의 제자였다. 최진관의 문집에는 박지원의 죽음을 애도하는 만시輓詩 5수가 있고, 박지원이 궁핍했을 때 주변에 빌렸던 돈을 갚아 준 이가 바로 최진관이다. 한편 박지원은 최진겸의 서재에 「독락재기獨樂齋記」라는 글을 지어 부쳐 주기도 하였다.

최순성에 대해 박지원은 「치암최공묘갈명癡菴崔公墓碣名」을 썼고 김택영은 「최순성전崔舜星傳」을 지었으며 이면백은 「비지설碑誌說」을 남긴 바 있다.

최순성은 개성의 부자로서, 남을 위해 돈을 잘 썼던 인물로 알려져 있다. 가족의 생활비와 손님 접대비를 제외한 나머지 돈을 급인전急人

錢이란 이름으로 모아서 처지가 딱한 사람을 돕곤 하였다. 세상의 모든 것은 잠시 빌려 쓰는 것일 뿐이다. 재물도 마찬가지다. 그러나 사람들은 재물이 예전부터 내 것인 양, 영원히 내 것일 것처럼 포기하지 않으려 한다. 최순성은 세상을 떠날 때 수중에 한 푼도 남기지 않았다. 진정한 무소유와 실천적인 사랑을 보여 준 셈이다. 좋은 선행과 기부의 선례를 실천한 인물이라 할 수 있다.

충효를 지킨 이씨 가문 삼대
李氏三世忠孝錄跋

몸은 하나인데 아버지에게는 아들이 되고, 임금에게는 신하가 된다. 마음은 하나인데 부모를 섬기는 것을 효孝라 하고 임금을 섬기는 것을 충忠이라 한다. 나는 말한다.

"이세한李世翰과 이상화李尙化가 옷을 찢어 깃발을 만들고 돌을 굴려 무기로 삼아 적의 우두머리를 생포했던 것은, 다름이 아니라 바로 그 어버이의 병환을 간호할 적에 근심스러운 얼굴로 좌우에서 시중을 든 것과 같다."

내 몸과 내 마음은 남의 몸이나 남의 마음과 같은 것이니 미루어 보면 서로 통할 수가 있다. 나는 또다시 말한다.

"상화의 아내 강씨姜氏가 시아버지를 위해서 시묘살이를 하고 숙봉肅葑의 두 아들이 그 어머니의 등창을 빨았던 것은, 곧 세한과 상화가 국난에 달려갔던 것과 같다."

그러므로 『시경』에서 윤길보尹吉甫의 무공을 찬미할 적에 "누가 이 자리에 있는가? 효도하고 우애하는 저 장중張仲이로다."*라고 하였으며, 증자曾子가 말하길 "전쟁터에 나아가 용맹이 없다면 효가 아니다."*라고 하였으니, 강씨와 숙봉의 두 아들과

숙리肅理의 두 아들이 손가락을 잘라 피를 먹인 일 같은 것은 모두 다른 사람보다 한 등급 위의 것이다.

* 주 선왕周宣王 때 윤길보가 북방의 험윤玁狁을 정벌하여 큰 공을 세우자, 시인이 시를 지어 그의 공로를 찬양하고, 아울러 그가 잔치를 벌일 적에 효성과 우애로 유명한 장중을 불러서 함께 즐긴 것을 찬미하였다. 『시경』「소아小雅·유월六月」.

* 자신의 부모에게만 효를 실천하는 것만이 효도가 아니라, 나라를 위해 몸을 바치는 것도 또다른 의미의 효라는 사실을 강조한 말이다. 『예기』「제의祭義」.

이세한 집안이 1728년 영조 24 무신란戊申亂 이인좌의 난 때 겪었던 일을 기록한 『이씨삼세충효록』에 쓴 발문이다. 이 책에는 무신란 때 영남에서 의병을 일으킨 이세한·이상화 형제의 충절과 이상화의 아들 이숙봉·이숙리, 그리고 이숙봉의 아들인 이용재·이용손, 이숙리의 아들인 이용채·이홍채의 효행이 기록되어 있다.

이세한과 이상화는 1728년 3월에 정희량 등이 모반하였을 때 늙은 아버지의 명령을 받들어 의병을 일으켜 적을 토벌할 계획을 세웠다. 형제가 진주 군문軍門에 나아가 영장營將에게 자신들의 계책을 말하자, 영장이 계책을 따라 고갯길에 병사를 매복시켜 성초령省草嶺에서 적을 사로잡아 공을 세웠다.

아버지가 돌아가시자 여막을 짓고 삼 년간 죽을 먹기도 했다. 이상화의 아내인 강씨는 시아버지를 위해 단지斷指하고 변을 맛보았다. 이상화의 아들 이숙봉과 이숙리도 단지하고 여묘살이를 하였다. 특히 이숙봉은 어머니가 작고한 후 여묘살이를 할 때 호랑이가 보호해 주었다는 일화가 있다.

이숙봉의 두 아들 이용재와 이용손은 어머니의 등창을 빨고 단지하였으며 여묘살이를 하였다. 어머니의 상에는 아버지처럼 호랑이가 보호해 준 일화가 전하기도 한다. 이숙리의 두 아들 이용채와 이홍채도 단지하여 부모의 병간호를 하였다. 후대 사람들은 이들 삼대가 시묘하던 골을 시묘동이라 하고, 그 산을 효자산이라 불러 이씨 집안의 효행을 기렸다.

이 일에 대해서 저명한 문인들이 많은 기록을 남긴 바 있다. 대표적인 것으로 이덕무의 「이씨삼세충효전李氏三世忠孝傳」, 성대중의 「제이의사충효록후題李義士忠孝錄後」, 김이교의 「제이씨충효전후題李氏忠孝傳後」, 박제가의 「이씨일문충효찬병서李氏一門忠孝贊幷序」 등이 있다.

충과 효가 다른 것이 아니니, 모시는 대상을 위해 절실한 마음으로 최선을 다하는 것이다. 집안에서 실천하면 효이고, 나라에 실행하면 충이다. 그러니 패륜을 저지른 사람이 나라에 충성을 다했다는 일은 있지 않다. 한집안 삼대가 모두 나라에는 충성을 다하고 부모에게는 효도를 다하였다. 자식은 부모를 보고 그대로 배우고 행동한다. 그 부모가 나라에 충성하고 효도했으니 그 자식들도 그릇된 도道를 행할 수는 없었을 것이다.

원수를 갚은 곽산의 이씨 형제

郭山二士傳

이한운李漢雲과 이한권李漢權은 곽산郭山 사람이다. 어렸을 때 아버지가 원수에게 살해당하여 그의 어머니가 관청에 송사訟事하였다. 하지만 원수가 제법 힘깨나 쓰는 사람이라 끝내 정당한 판결을 못 얻어서 슬퍼하다가 죽었다. 두 사람이 조금 자라자 함께 도모하면서 말하였다.

"의리상 원수와는 같은 고을에서 살 수 없다."

그들은 정주定州로 거처를 옮겼다. 몽치와 칼을 만들어 비밀리에 복수할 것을 연습하였지만, 한집에 사는 사람들조차도 몰랐다. 원수가 이한운 등이 성장했다는 말을 듣고는 두려워서 피했다. 이윽고 이한운이 장가를 들어 자식이 생기자, 곧바로 형제가 일을 도모하였다.

"원수를 갚지 못한 것은 살인하면 사형을 당하므로 제사가 끊어질 것이 두려워서였다. 이제는 자식이 있으니 죽어도 된다."

드디어 원수의 종적을 쫓아서 나라 안을 두루 다녔으나 끝내 찾지 못하였다. 이렇게 여러 해가 흐르자 원수도 긴장이 풀려 자기 고을로 돌아왔다. 장이 서는 날은 정해져 있으므로 두 사람은 원수가 저자에 갈 것을 예상하고 몽치와 칼을 소매에 넣고 저자로 향했다. 정주의 성문에 도착했을 때 하늘에서 비가 마구 쏟아졌다. 두 사람은 성루城樓에 올라가 하늘을 올려다보며 빌었다.

"원수를 갚게 하려거든 하늘은 폭우를 거두소서."

잠시 후에 비가 멎었다. 곽산의 저자에 이르러 이윽고 원수를 찾아냈다. 한권이 말하였다.

"원수가 형의 얼굴을 알 테니 제가 앞장서겠습니다."

동생이 종종걸음으로 뒤를 따라가다가 일곱 걸음쯤 떨어진 곳에서 갓끈을 끊어 갓을 벗어 던지고, 다섯 걸음쯤 떨어진 곳에서는 띠를 끊어 옷을 벗어 던졌다.

그러고는 칼을 빼 크게 소리치며 칼로 내리쳐서 그의 왼쪽 어깨를 맞혔다. 원수가 미처 쓰러지기도 전에 한운이 몽치를 연달아 내리쳐 머리를 부수고 배를 갈라 창자를 꺼내어 간을 씹어 먹으니 온 저자 사람이 빽빽이 몰려와 구경하였다. 두 사람이 곧바로 원수의 창자를 끌고 관아로 달려 들어가니 온몸에 피가 흘렀다. 관인들이 매우 놀라 도망쳐 숨었다.

공조에서 그 일을 알고 들어가 보고하니 그제야 조사하여 신문하였다. 원근의 인사들이 일제히 그 효성을 신원伸寃하며 장계로 보고하여 정려旌閭 세우기를 청해 옥에서 드디어 풀려

나왔다. 정주 목사가 조정에 알리려 했지만 두 사람이 굳이 사양하므로 그만두었다.

한권에게 승씨承氏의 아내가 된 누이가 있었다. 누이가 처음에 칼을 만들어 한권에게 주고, 또 옷차림을 바꾸고 얼굴을 훼손하여 곽산의 저자를 왕래하며 원수가 있는 곳을 알아내어 한권에게 알려 주었다. 원수를 갚게 되자 누이가 곧바로 저자로 달려 들어가 원수의 고기를 씹으려 하다가 지키고 있는 병졸들에게 저지당하고 옥으로 끌려갔다. 두 사람의 옷이 피로 더럽혀진 것을 보고는 울부짖으면서 그것을 씹는데, 이미 시커멓게 굳었던 피가 갑자기 처음 원수를 찔렀을 때처럼 빨갛게 되었다.

외사씨外史氏는 말한다.

『사기史記』「자객열전刺客列傳」 가운데 오직 예양豫讓만이 임금을 위해서 원수를 갚았고, 그다음은 형가荊軻가 강한 진秦나라를 겁박하였다. 그러나 이미 바른 일은 아니었고, 그 나머지는 모두 도적들의 휩쓸리는 듯한 행동이었으니, 어찌 칭찬할 만하겠는가. 두 사람 같은 경우에는 서원경徐元慶*과 왕세

* 서원경은 당唐나라 무후武后 때 있었던 복수 사건의 주인공으로, 그는 아버지의 원수를 죽인 뒤, 스스로 관가에 찾아가 자수하였다.

명王世名*에 비교하더라도 또 어떻게 양보하겠는가.

내가 정주 목사로 있을 때에 옛날 죄수의 옥안獄案을 열람하다가 두 사람의 일을 보고는 깜짝 놀라서 그들을 찾았으나, 그때 두 사람은 이미 다른 곳으로 이사를 가 버린 뒤였다. 관직을 그만두고 서울로 돌아와서 비로소 한권을 만나게 되었다. 그러나 그가 진술하는 것이 옛날에 듣던 것에 비하여 매우 소략하였으니, 대개 차마 말할 수가 없고 또 스스로 자처하지 않으려 해서였다. 드디어 죄수의 옥안에 기록된 것을 취하고 또 정주 사람들의 말을 증거로 삼아서 이 전傳을 짓는다.

* 왕세명은 명明나라 때의 사람으로 왕량王良의 아들이다. 열일곱 살 때 아버지가 친척인 왕구王毆에게 살해당하자, 6년을 기다린 뒤 그를 찾아가 살해하고 관가에 자수하였다.

이가환이 정주 목사로 부임해 있을 때, 부모의 원수를 갚은 삼 남매의 일화를 기록한 것이다. 이가환은 1786년정조 10 7월, 마흔다섯 살에 정주 목사로 부임하였다. 얼마 지나지 않아 조세租稅로 바치던 쌀의 대봉代捧, 곡식 장부의 문란 등 여러 건의 불법을 저지른 혐의가 확인되어, 암행어사 이곤수李崑秀의 서계로 파직되었다. 1787년 4월 김화金化에 유배될 때까지 채 1년도 안 되는 짧은 시간이다.

그는 정주에서 죄수들의 기록을 살펴보다가 삼 남매의 충격적인 실화를 접하였다. 나중에 정주 사람들의 증언과 이한권의 자술을 종합하여 이 글을 썼다. 아버지는 원수에게 살해당했지만 정당한 판결도 받지 못하였다. 어머니는 그 일로 인하여 슬퍼하다가 세상을 떠났다. 졸지에 고아가 된 삼 남매는 원수에 대한 복수를 다짐하고 차근차근 일을 실행에 옮긴다. 비밀리에 몽치와 칼을 만들어 복수하는 연습을 했다. 누이는 칼을 만들어 이한권에게 전달했을 뿐 아니라, 원수의 거처를 백방으로 알아내서 알려 주었다. 원수에게 접근하는 장면은 마치 진시황을 시해하려던 형가의 모습을, 죽은 이의 옷이라도 베려는 장면은 조양자趙襄子에게 보복하려던 예양의 모습을 보는 듯하다. 다소 괴기스러운 살해 장면이 원수에 대한 그들의 분노를 대변한다. 부모의 원수를 갚기 위해 저지른 살인은 효도인가, 아니면 단순한 살인에 불과한가. 통상 이러면 사형보다는 유배형에 처했는데, 부모를 죽인 원수와는 같은 하늘에 살 수 없다는 명제가 인정되었다.

박경신 집안의 의병 활동

淸道郡義士傳

청도군淸道郡의 의사義士 박씨朴氏는 한집안 사람이 모두 열넷이었으니, 경신慶新, 경인慶因, 경전慶傳, 경윤慶胤, 경선慶宣과 우瑀, 린璘, 근瑾과 지남智男, 찬璨, 선瑄, 숙琡과 철남哲男과 구球였다. 임진년 4월 왜적이 바다를 건너와 13일에 부산을 함락시키고, 15일에 동래를 함락시켰으며, 18일에 밀양을 함락시키고, 20일에 본군本郡을 함락시켰다. 이에 박씨들이 모여서 의병을 일으키기를 도모하였다.

경전이 먼저 모친을 운문산雲門山에 숨겨 놓고 25일에 군대를 일으켜서 적을 막았다. 이때 경윤이 말하였다.

"우리가 친족을 모아서 전투를 벌이다가 패하면 수습할 길이 없을 것이니 군대를 셋으로 나누어서 서로 구제하는 것이 좋겠다."

집안사람들이 그 말에 따라, 경전과 경신은 상동上東에 주둔하고, 경윤과 찬은 중동中東의 길부산吉夫山에 주둔하며, 경선은 봉황애鳳凰厓에 주둔하였다. 그리하여 한편으로는 싸우고 한편으로는 지키니, 적들이 이들만 만나면 패하므로 서로 경계하여 범하지 말자고 하였다. 이로 말미암아 대구 동쪽은 모두 적의 수중에 들어가는 것을 면하여 백성들이 평소처럼 농사지었으니 이는 박씨 집안의 힘이었다고 한다.

경인은 서생으로 수척하고 여위었음에도 병을 무릅쓰고 적을 치다가 창에 맞아 병이 더욱 악화되었다. 그는 아들 선에게 뒷일을 부탁하고 죽었다. 선이 이로부터 더욱 힘껏 싸웠지만 상주라는 이유로 매번 공을 양보하였다. 경선은 봉황애에서 적을 만나 오른쪽 팔이 잘리자 죽음을 면할 수 없을 것을 짐작하고는, 어머니에게 화가 미칠까 염려하여 왼쪽 팔로 적을 안고 낭떠러지에 몸을 던져 함께 죽었다.

경신은 적의 머리를 얻으면 으레 공을 그 부하에게 돌렸기 때문에 무사들이 더욱 분발하여 명령을 따랐다. 경전은 공이 많아지자 군수 배응경裵應褧이 그의 공을 빼앗으려고 하므로 무사들이 모두 분노하였는데, 경전이 울면서 타일러 그들을 만류하고 배응경을 성으로 맞아들여 마침내 공이 그에게 돌아가게 하였다.

경윤은 적의 머리를 천여 급이나 베었으나, 조정에 공이 보고된 것은 두 급에 그쳤다.

우는 상동上東의 군대에 있으면서 전투할 때면 으레 선봉에서 창이 얼굴을 뚫고 탄알이 발을 관통했으나 공을 보고하지 않았다. 박씨들의 용감하면서도 예로써 사양하는 것이 이와 같았다.

우는 뒤에 무과에 올랐고, 이괄李适의 난에 남이흥南以興*을 따라서 적을 저탄猪灘에서 방어하여 공을 세웠다. 병자년 파직되어 집에 있다가 충청 병사 이의배李義培의 군대로 달려가 합류하였다가 쌍령雙嶺에서 오랑캐를 만나 죽었다.

급기야 선무宣武의 공을 논의하게 되자 경신은 일등에, 경전·경윤·린·근·지남·철남·구는 이등에, 찬·선·숙은 삼등에 녹훈되었고, 우는 진무 공신振武功臣 일등에 녹훈되었으니, 모두 원종原從이었다. 경선과 경인은 일찍 화를 당해 죽었으므로 공이 기록되지 아니하였다.

박씨는 모두 소요당逍遙堂 하담河淡으로부터 나왔다. 하담의 큰아들이 영이고, 영의 큰아들이 경연이며, 경연의 아들이 찬·우·숙이다. 영의 둘째 아들이 경신이고, 경신의 둘째 아들이 곧 지남·철남이다. 영의 셋째 아들이 곧 경인이고, 경인의 아들이 선이다. 영의 아우가 이이고, 이의 큰아들이 곧 경전이며, 둘째 아들이 경윤이며, 경윤의 두 아들이 곧 린과 구이다. 이의 둘째 아들이 경선이며 오직 근만이 소요당 형제의 손자이다.

* 남이흥1576~1627은 조선 중기의 무신으로 이괄의 난 때 관군을 이끌고 난을 평정하였다. 1627년인조 5 정묘호란 때 안주에서 후금의 군사를 맞아 악조건 속에서도 분전하였으나, 패색이 짙어지자 적을 유인하여 화약고에서 자결하였다.

외사씨는 말한다.

내가 선조대왕께서 서천부원군 정곤수鄭崑壽* 에게 유지諭旨를 내려 칭찬한 글을 읽어 보았다.

나랏일이 한번 망가지자 조정의 신하들이 모두 달아나 제 살길을 찾았다. 어떤 이는 처음부터 나를 따르지 않았고, 어떤 이는 중도에 일을 핑계 대고 도망하였으니, 그 일을 차마 다 말할 수가 없다.

일찍이 세 번 반복해서 읽고 눈물을 흘리지 않은 적이 없었다. 여러 박씨 의사들의 일과 창녕공 경전의 『난중일기亂中日記』를 읽어 보고는 또 망연자실하게 된다. 군자가 말하였다.

"임진년 국난 때 영남에 의병이 많았는데, 박씨는 사람도 가장 많았고, 의병을 일으킨 것도 먼저였으며, 지역도 가장 중요한 곳이었다."

* 정곤수1538~1602는 조선 중기의 문신으로 강원도와 황해도 관찰사를 지내면서 대기근을 구제하였다. 임진왜란 때에는 중국 명나라에 가서 구원병을 청하여 오는 등 큰 공을 세웠다.

임진왜란 당시 경상도 청도군 출신으로 의병 활동을 전개했던 박경신의 부자·형제·조카·종제 등이 왜적을 소탕하다가 전사한 사실을 기록한 일화이다. 이들의 행적은 1867년 고종 4에 후손 박성묵이 편집하여 『십사의사록十四義士錄』으로 간행하였다. 이 책의 권5에는 바로 이가환이 지은 「십사의사합전十四義士合傳」이 실려 있다.

임진왜란 때 청도에 살던 박경신1539~1594 집안은 한집안 사람 14명이 왜적에 맞서 분연히 일어났다. 그의 아우 박경전은 우선 어머니를 안전한 장소로 모셔 놓고 전투를 준비하였다. 그리고 이들은 한곳에서 싸우다가 일이 잘못되어 몰살당할 것을 염려해 세 개 장소로 나누어 활동하였다. 그들의 싸움은 영웅적이었다. 병을 앓는 중에도 장렬히 싸우다 죽거나, 팔이 잘리자 적을 안고 물에 투신하기도 했다. 창에 얼굴을 맞기도 하고 탄알이 발을 관통하기도 하였다. 그러나 그들은 공을 내세우지 않았다. 한집안 전체가 나라의 환란에 분연히 일어나 목숨을 바치는 모습은 숭고하기까지 하다.

이 글은 임진왜란 당시 경상도 지역의 의병 활동 상황과 전쟁 극복에 대한 구체적인 실상을 생생히 보여 준다는 점에서도 중요한 가치를 지닌다.

젊은 의병 김희의 죽음

栢溪金公遺事跋

백계栢溪 김 공金公 김희은 임진왜란 때 포의布衣로 의병을 일으켜 왜적을 토벌하였다. 상주尙州 단밀丹密에서 싸울 때 병사의 숫자가 적어 도저히 대적할 수 없는 상황이었는데도 적을 공격해 자신의 목이 달아나는 것을 돌아보지 않았다. 1565년명종 20에 태어났으니 이때 나이가 스물여덟 살이었다. 공과 같은 때에 태어난 자들이 비록 백 살을 살았다 하더라도 영릉寧陵 효종과 숭릉崇陵 현종 시대에 이르면 살아 있는 자가 없었을 것이지만 공은 지금까지도 죽지 않았다. 어떤 이가 말하였다.

"만약 근시재近始齋 김해金垓*의 보장報狀과 관찰사의 장계가 없었다면 공의 행적도 민멸되어 전해지지 않았을 것이니, 무얼 가지고 반드시 죽지 않는다고 하겠는가."

* 김해1555~1593는 조선 중기의 문신·의병장으로 임진왜란이 일어나자 예안에서 의병을 일으켜 영남 의병대장으로 추대되어 안동·군위 등지에서 분전하였다. 1593년선조 26 평양 탈환전에서는 수십 명의 적을 죽이고, 밀양에서 군사를 정비하여 경주로 이동한 후 진중에서 병사하였다.

나는 말한다.

나라를 위해 목숨을 바친 자들은 다만 마땅히 할 일을 하는 것일 뿐이요. 다른 것은 생각할 바가 아니다. 그렇지 않다면 군자는 당면한 영예로움이 있더라도 탐탁하게 여기지 않는 것인데, 하물며 죽은 뒤의 명예이겠는가. 이것으로 본다면 공은 명성이 비록 전하지 않더라도 오히려 죽지 않은 것이다. 왜냐하면 강상綱常이 죽지 않았기 때문이다.

공은 고려 말의 평해 군사平海郡事인 백암 선생白巖先生*의 후손이다. 백암은 농암籠巖*과 함께 고죽국의 형제*라는 일컬음이 있었으니, 그 절의를 근본으로 삼은 것이 있다.

* 백암 선생은 김제金濟를 가리킨다. 김제는 평해 군수로서 1392년 고려가 망하자 배를 타고 해도海島로 들어가 시를 벗하며 은거하였다. 조선 정종 때 바다에 단壇을 세워 초혼제를 거행하고 아우 김주金澍와 함께 안동의 고죽서원孤竹書院에 배향하였다.

* 농암은 김주金澍의 호이다. 1392년 공양왕 4 하절사로 명나라에 갔다가 고려가 망하고 조선조가 개국하였다는 소식을 듣고는 돌아오지 않았다

* 고죽국의 형제는 주周나라가 은殷나라를 멸망시키자 수양산으로 달아나 굶어 죽었던 백이와 숙제에게 김주와 김제를 비유한 것이다.

백계栢溪 김희金喜, 1563~1592는 임진왜란이 일어나자 인근 마을에 격문을 돌려 모병募兵에 나섰다. 스스로 의병장이 되어 경상도 상주 단밀에서 조총으로 무장한 왜적 수천 명과 창검으로 맞서 싸우다 장렬히 전사하였다. 후에 경상북도 울진군에 있는 운암서원과 경상북도 의성군 비안면에 위치한 충렬사에 향사되었다.

어차피 인간의 삶에서 수명의 장단은 개인의 평가와 그다지 상관없어 보인다. 스물여덟 살 젊은 나이에 세상을 떴지만, 누군가는 그에 대한 글을 남기고 누군가는 그 글을 읽고서 그를 기억한다. 짧은 삶이었지만 오래 기억되는 삶이었다. 오래 사는 것이 중요한 것이 아니라 명예로운 가치를 위해 살았는가가 중요하다.

문묘지기 정신국
鄭信國傳

정신국鄭信國은 순흥順興 경상북도 영주 사람으로 문묘지기였다. 1636년인조 14 12월 청나라의 오랑캐들이 대거 침략해 왔는데, 선봉대가 모래내를 지나자 임금께서 남한산성으로 행행하시니, 도성이 아수라장이 되었다.

전례에 태학생은 북을 치면 나이에 따라 줄지어 앉아 아침밥과 저녁밥을 먹었는데 이를 식당食堂이라 하였고, 식당에서 베를 펼쳐 놓는 것을 식전食纏이라 하였다. 식전이 펼쳐지면 아무리 급한 일이 있다 하더라도 넘어서 갈 수 없었고, 오직 부모상을 당해 집으로 가는 사람만이 식전을 자르고 나갈 수 있었다. 그러나 이때에 이르러서는 성균관의 제생諸生들이 모두 식전을 넘어서 달아나 버렸다.

정신국이 그 말을 듣고 동료 박참미朴僭美와 함께 재사齋舍로 들어가니 진사進士 나이준羅以俊만이 떠나지 않고 남아 있었다. 이에 정신국이 그를 굳게 만류하고는 막내아들 정취립鄭就立에게 말 3필을 가져오게 하였다. 그러고는 문묘에 들어가 동무東廡와 서무西廡의 신주 및 제기와 악기를 받들고 나와서 명륜당 뒤쪽에 묻었다. 정신국은 선성宣聖 공자의 신주를 지고 나오고, 박참미는 사성四聖 안자, 증자, 자사, 맹자의 신주를 지고 나와 모두 말을 탔고, 정취립은 십철十哲의 신주를 싣고 말을 끌었으며, 나이준은 옷을 갖추어 입고 그 뒤를 따랐다. 성균관 아전 예닐곱 명도 따르겠다고 청하므로 드디어 정돈하여 출발하니, 가족들이 뒤쫓아 와서 울부짖었으나 돌아보지도 않고 떠났다.

삼전도三田渡 서울과 남한산성을 이어 주던 나루에 이르렀을 때 오랑캐 기병들이 길을 막았는데, 정신국이 그들을 꾸짖으며 길을 비키게 하자 노추虜酋 등이 모두 말에서 내려 길에 엎드렸다. 그리하여 행재소行在所에 이를 수 있었다. 임금을 뵙자 가상히 여기시고 신주를 개원사開元寺에 임시 봉안하게 하였다. 이때 남한산성 안에 5명의 태학생이 있었는데, 정신국이 나이준과 함께 식당 설치를 청하니 임금께서 이를 허락하셨다. 이에 신위를 받들고 마치 평상시처럼 식당을 설치하였다.

1637년 난이 평정되자 비로소 위의를 갖추어 신위를 도로 봉환할 수 있었으니, 이는 모두 정신국의 힘이었다. 임금이 도성에 돌아온 뒤 정신국의 의로움을 가상하게 생각하시어 면천시켜 주라고 명했지만 정신국은 사양하며 말하였다.

"모두가 저의 직분일 뿐이니 원치 않습니다. 끝까지 문묘 지키기만을 원합니다."

임금께서 더욱 기뻐하시며 그의 바람을 들어 주라 하시고 후하게 상을 내렸다. 정신국이 늙어 죽은 뒤에도 문묘지기에 결원이 생길 때면 대사성이 으레 정신국의 후손을 찾아서 문묘지기로 삼아 대대로 이어지게 하였다. 박참미는 처음부터 끝까지 정신국과 일을 함께하였는데 죽고 난 뒤 후사가 끊어졌다.

1727년영조 3 정신국의 집에 정려문이 내려졌다. 1791년정조 15에는 정신국의 사당을 세우고 박참미를 함께 제사하였다.

외사씨는 말한다.

"문묘의 신주를 개원사에 임시 봉안할 때 정신국이 안 된다는 의견을 고집하였다고 한다. 비록 그의 의견대로 되지는 않았으나, 그의 뜻을 볼 수가 있다. 그가 성 안에서 신에게 맹서한 글을 읽어 보고는 곧 또 길게 탄식하였으니, 이 사람은 죽음을 무릅쓰고 지켜서 도를 선하게 한 자라고 할 수 있다. 조정의 사대부가 모두 정신국 같다면 국가에도 이로움이 있을 것이다."

당시 정신국의 이야기는 아주 유명했던 것 같다. 이옥의 「문묘이의복전文廟二義僕傳」과 「독촌사매려기禿村四媒閭記」, 성해응의 「풍천

잡지風泉雜志」, 권헌의 「제정신국정문록후題鄭信國旌門錄後」 등 여러 문인이 그에 대한 기록을 남겼다. 이뿐 아니라, 성균관의 내력과 생활 등을 기록한 『태학지太學誌』 「기적紀蹟」과 1926년에 강효석이 편찬한 조선조 인물전기집인 『대동기문大東奇聞』에도 그의 이야기가 나온다.

위기의 순간에 사람은 진면목이 나온다. 평소에는 고상한 척했던 사람들이 위기나 갈등 상황에서 보통 사람만도 못한 모습을 보여 주기도 한다.

병자호란이 일어나자 조정의 신하들은 목숨을 보전하기 위해 다들 도망가기에 바빴다. 평소 공자니 맹자니 하며 갖은 점잔을 빼던 젊은 지성의 대표격인 성균관 학생들도 제 살기에 바빠 체면을 차릴 여지도 없이 꽁지가 빠지게 달아났다.

그러나 문묘지기에 불과했던 정신국은 동료 박참미와 유일하게 성균관에 남아 있던 나이준, 그의 아들 정취립 등을 이끌고 신주와 제기, 악기 들을 명륜당 뒤에다 묻어 두었다. 어디 그뿐인가. 성현들의 신주를 말에 싣고 도성을 빠져나왔다. 남한산성을 향해 가다가 길을 막는 청나라 기병들을 꾸짖어 물리치고는 임금이 있는 행재소에 이르렀다. 그러고는 평소와 다를 바 없이 나이준과 함께 식당을 설치하였다. 이 일로 임금은 그를 면천시키려 했으나 그마저 사양하였으며 다만 자신의 직임을 다하고 세상을 떠났다.

그는 제 일만을 묵묵히 했을 뿐이다. 공명功名에 대한 바람도 없었다. 그에 비하면 당시 지배계층과 지식인들이 보여 주었던 비겁함은 실망스럽기 짝이 없다. 평소에는 의기와 용기, 정의를 내세웠던 그들이지만 국난이 닥치자 자신의 목숨을 부지하기에만 급급하였다. 이가환은 이 비천한 인물을 통해 지배층과 사회 전반에 대한 통렬한 질타를 가한 셈이다.

의병장 곽재겸

郭槐軒集序

심하도다! 학문을 강구하지 않을 수 없음이여. 괴헌槐軒 곽 선생郭先生 곽재겸은 임진왜란 때 병력을 모집해 적을 토벌했는데 이해에 두 아들이 죽었다. 1593년선조 26 그 병력을 거느리고 성주星州에서 총병總兵 유정劉綎*에게 종군하였는데, 그 해에 부인 유씨柳氏가 죽었으며, 이때 재종제인 망우 공忘憂公 곽재우郭再祐와 육촌 숙부인 존재 공存齋公 곽준郭䞭이 전투에서 이기기도 하고 전사하기도 하였다. 그러나 적이 후퇴하려 할 때 선생이 또 적을 달성達城의 아래까지 추격하였다. 난리 중에 혈친을 잃어 분통하고 슬픈 가운데서도 분주하게 애쓴 것이 대개 이와 같았다.

1594년에는 가야산으로 가서 한강寒岡 정구鄭逑 선생을 뵙고 『주자서』를 평일처럼 강독하였으며, 1595년에는 공산公山

* 유정?~1619은 명나라 무장으로, 임진왜란이 일어나자 원병을 이끌고 참전하였다. 또 1597년 정유재란 때 남원에서 전투에 졌다는 소식이 전해지자 대군을 이끌고 와서 도와주었다. 조·명 연합군이 후금後金 군사와 싸운 부차富車 전투 때 전사하였다.

으로 돌아가 병력에 대해 의논하였고 또 손모당孫慕堂*과 『심경』을 강론하였다. 여러 작가의 기록에 흩어져 보이는 것이 이와 같으니, 보지 못하는 것에 대해서도 알 만하다. 또 그 당시에 이와 같았으니, 그 전후의 일들을 더욱 알 수가 있다. 다급하고 위태로운 때에도 반드시 여기에서 떠나지 않는다는 것*이 이것을 이르는 것일진저.

선생이 돌아가신 뒤 그 아들 유계 공柳溪公이 남긴 글을 수집하다가 다 끝마치지 못한 채로 죽었고, 수백 년이 지나 7대손 원택元澤이 처음으로 일을 마쳤다. 또 십여 년이 지나 향선생鄕先生으로서 서원에 배향되었고, 또 십여 년 만에 드디어 문집을 인쇄하여 배포하였다.

아! 군자의 학문은 내가 마땅히 해야 할 것을 할 따름이니, 세상에 드러나고 드러나지 않고는 천명이다. 그러나 이 문장이 거의 묻힐 뻔했다가 다시 드러난 것은 후학들을 권면하는 바가 깊다. 옛말에 "제자가 배우는 데 힘쓰는 것을 하늘은 잊

* 손모당은 조선 중기의 학자인 손처눌孫處訥, 1553~1634이다. 정구의 문인으로 장현광張顯光·서사원徐思遠 등과 교유하면서 학문과 효행으로 이름이 높았다. 임진왜란 후 향교의 재건에 앞장서서 후진 양성에 노력하였고, 정인홍鄭仁弘이 이황을 배척하는 데 대해 대항하는 글을 지어 도내 사림을 규합하였다.

* "군자는 밥 먹는 동안이라도 인을 떠남이 없으니, 아무리 다급해도 반드시 이 인에 의거해야 하고, 아무리 위태해도 반드시 이 인에 의거해야 한다."는 말에서 따왔다. 다급하고 위태로운 때라도 학문을 멀리하지 않는다는 뜻이다. 『논어』「이인里仁」.

지 않는다."[*]라고 하였다. 나는 그러므로 이 일을 드러내어 세상의 여유롭게 편히 놀고먹으며 배우기를 좋아하지 않는 자들에게 고한다. 선생이 학문한 전말로 말하자면 십육도十六圖 가운데에 갖추어져 있으니, 학자들이 더욱 마음 깊이 새겨야 할 것이다.

* "밝은 하늘이 회복되지 않아 근심이 끝도 없구나. 천년 이후에는 반드시 돌아올 것이니 이것이 도의 당연함이다. 제자들이여 힘써 공부하라, 하늘이 잊지 않으리라." 라는 말에서 따왔다. 자기가 할 일을 충실히 하면 하늘이 외면하지 않고 보답한다는 뜻이다. 『순자』「부賦」.

곽재겸郭再謙, 1547~1615은 조선 중기의 의병장이다. 1592년 임진왜란이 일어나자 초유사招諭使 김성일金誠一을 찾아가 모병과 군량 수집에 많은 방략을 제시하고, 서사원과 함께 의병을 모집하여 여러 차례 전공을 세웠다. 1597년 정유재란 때 의병을 이끌고 화왕산성火旺山城 전투에 참전하여 육촌 동생 곽재우와 함께 적을 방어하였다. 그 공으로 부호군副護軍에 임명되었고, 난이 끝난 뒤 향리에서 후진을 양성하며 여생을 마쳤다.

자신의 온몸을 던져 구국의 길을 걸었지만 그 대가는 혹독했다. 전란에 두 아들, 부인, 육촌 숙부를 잃었다. 그렇지만 분연히 전투에 참여하였고, 여가에는 학문도 소홀히 하지 않았으니, 단순히 책만 읽는 선비가 아니었다. 그의 문집은 우여곡절 끝에 어렵게 간행되었다. 자칫하면 그의 글이 모두 흩어져 없어질 뻔했지만 하늘은 그의 삶을 끝내 외면하지 않았다. 이가환은 『순자』의 "제자가 배우는 데 힘쓰는 것을 하늘은 잊지 않는다."라는 구절을 인용하여 그의 삶을 글로써 애도하였다.

예송 논쟁에 휘말린 남몽뢰

伊溪集序

한漢나라 때에는 조정에 큰일이 있을 때마다 많은 유사儒士들이 경서經書를 인용하여 논의하였다. 지금 살펴보면 그 말들 중에는 더러 맞지 않는 것이 있지만, 그 때문에 말한 사람을 처벌하는 일은 없었다. 한나라 이후에는 조정의 일을 시의時宜에 따라 판단하고 결정하였을 뿐이지, 경서를 인용하는 기풍은 쇠퇴하였다. 오직 왕조의 예법만은 때때로 의견을 모으는 일이 있었는데, 말이 맞지 않더라도 역시 그 때문에 죄를 받았다는 말은 듣지 못하였다.

우리 조정에서도 명종, 선조 이전에는 사정이 그러했다. 그런데 기해예송己亥禮訟 때에 이르러 처음으로 문정공文正公 미수眉叟 허목許穆이 잘못된 예법을 가지고 간쟁하였다는 이유로 외직으로 내쫓겼다. 이로부터 문정공의 학설을 주장하는 여러 사대부가 견책을 받거나 유배를 당했다.

이계伊溪 남 공南公 남몽뢰은 이 일 때문에 가장 혹독하게 화를 당했다. 경신환국庚申換局으로 집권 세력이 바뀌자 그 형세가 더욱 격렬해지고 그 재앙이 이어져서 끝내 풀려나지 못했으니, 슬픈 일이다!

공은 표은瓢隱 김 공金公*의 문하에서 공부하였는데 개연히 옛것을 구하는 뜻이 있었다. 스스로 호를 '이계伊溪'라고 지은 것에 대해 말하였다.

"선비가 영달하여 사람들과 함께 선을 행하게 되면 이윤伊尹의 뜻을 가져야 하고, 버려져 홀로 선을 행하게 되면, 이천伊川의 학문을 배워야 한다."

그 말을 음미해 보면 대개 뜻은 막중한 책임을 담당하는 데에 있고 학문은 거경居敬을 주로 한 것이었다. 이것은 바로 주자께서 정중례鄭仲禮에게 일러 준 것인데 공이 이 말을 사랑했던 듯하다.

공의 문장은 전아하고 법도가 있으며, 근원은 가깝고 뿌리는 깊어서, 때때로 글을 지은 것이 뜻도 모르고 글을 읽는 자들이 미칠 수준이 아니었다. 이것은 읽는 자들이 저절로 알게 될 것이므로 상세히 논하지 않는다. 다만 공이 간직한 것을 이야기하는 것은 후대에 고인을 논하는 사람들로 하여금 공이 당적黨籍에 들어갈 사람이 아니라는 사실을 알게 하기 위해서이다.

* 김 공은 김시온金是榲, 1598~1669을 가리킨다. 벼슬에 뜻을 두지 않고 학문에만 정진하였으며, 경학과 예학에 조예가 깊었다. 참봉 등에 제수되었으나 끝내 응하지 않고 '숭정처사崇禎處士'라 자칭하였다.

그 옛날 중국에서는 예제禮制에 대한 문제를 제기한다 하더라도 그 때문에 불이익을 받지는 않았다. 그러나 유독 조선에서는 정치적 문제와 연관되어 반대파를 숙청하는 빌미가 되곤 했다. 허목은 예법 논쟁 때문에 벌을 받았고, 그의 학설을 지지했던 사람들도 죄를 받거나 유배를 당했다. 남몽뢰南夢賚, 1620~1681는 그중에서 가장 심한 경우에 해당한다. 1659년 효종 10 효종이 승하하자 인조의 계비인 자의대비慈懿大妃 조씨趙氏가 효종을 위해 적장자를 위한 삼년복을 입어야 하느냐, 중자衆子를 위한 기년복朞年服을 입어야 하느냐를 놓고 논란이 벌어졌다. 이것이 기해예송이다. 남몽뢰는 남인인 윤휴·윤선도·허목과 함께 삼년복을 주장하고, 서인인 송시열과 송준길 등은 기년복을 주장하였다. 1680년 숙종 6 경신환국이 일어나자 체포되어 의금부에 끌려갔다. 남인의 핵심 인사였으며 예송에 깊이 관여한 관계로 경신환국으로 집권한 서인의 공격을 받았다. 1681년 선산 부사 재임 시절에 있었던 문제를 공격받았고, 결국 장오죄贓汚罪로 전라도 흥양에 유배되었으며, 11월 15일 서울로 압송되어 가는 도중 남원 객사에서 자결하였다. 남몽뢰의 문집에는 이가환의 서문이 빠져 있고, 이상정의 서문만이 실려 있다.

기녀 이정애의 절개
烈女李定愛墓碣銘

정애定愛는 성이 이씨李氏이고 정주定州의 관기官妓였다. 가산嘉山 사람 강국항康國恒이 사랑하여 그녀를 첩으로 들였다. 국항은 어진 선비로 한 번도 외도를 한 일이 없었다. 그런 까닭에 하루아침에 정애를 데리고 집으로 들어갔지만 집안사람들이 그녀를 편안히 받아들였다.

얼마 안 되어 국항이 병들어 죽었다. 병세가 악화되자 정애가 단지하여 피를 남편에게 먹였고, 남편이 죽자 곧바로 목을 매었으나 죽지는 못했다. 그러다 장사 지낼 무렵에 끝내 독약을 마시고 죽었다. 그녀가 남긴 상자를 열어 보니 편지가 있었다. 거기에는 오직 남편을 따라 죽는 것을 즐겁게 여겼고, 어버이를 잊은 것을 죄로 여겼으며, 그 나머지 일에 대해서는 언급조차 하지 않았다. 국항의 집에서 그녀를 불쌍히 여겨 국항과 같은 곳에다 같은 날에 장사를 치러 주었다.

아! 가산은 매우 후미진 곳이며 관노는 매우 미천한 자인데도 정애와 같은 사람이 있었다. 세상에 귀부인이 타는 수레를 타고 귀부인이 입는 예복을 차려입은 현달한 여인들이 어찌

한량이 있으리오마는, 세상에 전할 수 있는 것은 아니다. 그러나 정애는 다른 사람들에게 전해지게 되었으니, 지위를 가지고 할 수 있는 일이겠는가.

명銘에 이른다.

나지막한 돌 위에 외로운 대가 나서　　有扁斯石孤竹生
싹 터서 껍질 벗고 은은한 향 풍기네　　含苞解籜細吹香
봄날의 고운 자태 여름 서리 만났지만　　春粉嬋娟夏霜零
꿋꿋이 절개 지켜 그 자리서 죽었도다　　抱節立枯猶亭亭
잡초 우거져서 골짜기에 빛 없으니　　榛莽掩翳壑無光
국풍처럼 시를 지어 명성을 드날리네　　作詩如風揚其聲

정주의 관기였던 이정애를 기리며 지은 묘지명이다. 그녀는 가산 지방의 선비인 강국항을 위해 자신의 목숨을 끊어 절개를 지켰다. 조선 시대 양반들이 첩을 들인 이유는 제각각이다. 그러나 관기와 정분이 나더라도 집에까지 데려와 살림을 차리는 경우는 흔하지 않았다. 가산은 지금의 평안도 박천 지역으로 정주와 인접한 고을이다. 정주의 관기와 가산의 이름 없는 선비인 강국항은 사랑에 빠졌지만 행복은 오래가지 않았다. 강국항이 죽자 이정애는 그를 따라 죽고 말았다. 사대부가 여성, 그것도 기생의 묘지명을 써 주는 것은 아주 드문 일이다. 이가환은 하층민의 생활이나 모습에 관심이 많았다. 그들의 이야기를 취재取材해서 기록으로 남긴 것이 여러 편 남아 있다.

강준흠의 자 백원에 대한 설
姜浚欽字百源說

내가 아무개의 자가 백원百源이라고 하는 소리를 듣고 말하였다.

"그다지 좋지 않다."

그런데 강씨姜氏 성을 가진 유생의 자가 백원이라고 하였을 때는 내가 듣고서 '괜찮다.'라고 말하였다.

어떤 이가 물었다.

"어째서 그렇습니까?"

내가 말하였다.

"아무개는 이름에 '효孝' 자가 들어 있고, 강씨는 이름에 '준浚' 자가 들어 있네. 효는 행실의 근원인데, 비록 물에서 뜻을 취했어도 그 실질은 다른 법이네. 물은 근원이 있으면 계속해서 흘러 바다에 도달한다네. 효는 행실의 근원이 되지만, 준설하지 않으면 꽉 막히게 되네. 천하에 어찌 근원 없는 사람이 있을 수 있겠나. 그러나 막히지 않은 자가 드문데, 이것은 모두 준설하지 않아서 생기는 과실이네. 아무개의 이름에는 '효' 자가 들어갔으나, 그 근원이 막힐지는 알 수가 없네. 강씨의 이름에는 '준' 자가 들어갔으니, 아마도 거의 막히지 않을 것이네. 그래서 괜찮다고 한 것이네."

강씨가 말하였다.

"여기에 대해서는 이미 가르침을 들었으니 준설하는 방법을 감히 여쭙습니다."

내가 말하였다.

"『예경』에 '상서庠序에 들어간 선비는 조상을 높일 줄 아니, 조상을 높일 줄 알기 때문에 대부와 동등하게 종족을 공경할 수 있다.'라고 말하지 않았던가. 공자께서 대부의 효에 대해 '법이 아니면 말하지 않고, 도가 아니면 행하지 않아, 말은 버릴 것이 없고, 행실은 가려낼 것이 없다.'라고 하셨네. 지금 자네는 성균관 유생이라 대부와 동등하게 할 수가 있네. 그래서 내가 감히 이 말을 자네에게 해 주는 것일세."

강씨가 말하였다.

"여기에 대해서는 이미 가르침을 들었으니, 어찌하면 법과 도를 알아서 종사할 수 있는지 감히 여쭙습니다."

내가 표정이 변하며 말했다.

"이는 내가 말해 줄 수 있는 것이 아니네. 비록 그렇지만 내가 듣기로 사람의 몸은 자기 것이 아니고 부모님의 몸이라고 하였네. 사람이 만약 자기 몸이 부모님의 몸이란 걸 안다면, 무언가 할 말이 있을 때는 꼭 '우리 부모님께서는 내가 이런 말을 하는 것을 바라실까, 바라지 않으실까.'라며 헤아려 볼 것이네. 어떤 행동을 하려 할 때는 반드시 '우리 부모님께서는 내가 이렇게 행동하는 것을 바라실까, 바라지 않으실까.'라며 헤아려 볼 것이네. 이렇게 해서 만약 부모님이 바라시는 것이면 말하고 행동하며, 바라시지 않는 것이면 말하지 말고 행동하지도 말게. 이러한 마음가짐을 잠깐이라도 버리지 않는다면 어느 정도 되었다고 할 수 있을 것이네."

강씨가 말하였다.

"가르침대로 따르겠습니다."

이가환은 강준흠姜浚欽, 1768~1833보다 훨씬 연장자이다. 이가환은 제자나 후배와 다름없는 강준흠에게 자설字說을 지어 주었다. 스물다섯 살 때인 1792년정조 16, 강준흠은 성균관에 들어가 공부하였다. 이 무렵 강준흠은 부친 강세정의 주선으로 이가환의 문하에 드나들었던 것으로 보인다. 이가환은 「답강생준흠서答姜生浚欽書」에서 과거 공부가 참된 공부에 방해될까 주저하는 강준흠을 독려해 과거 공부에 응시하도록 했다.

강준흠은 어떤 일 때문인지 이후 채제공, 정약용, 이가환과 관계가 완전히 틀어진다. 아마도 채제공이 목만중·홍의호 등과 갈라서면서 돌이킬 수 없는 강을 건넌 것으로 보인다. 그는 서학을 배척하며 공격하던 공서파攻西派로 활동하였다. 정약용은 귀양 14년 만에 해배될 기회를 맞이하였는데 강준흠이 상소를 올려 극렬히 반대한 탓에 4년이나 귀양살이를 더 해야 했다. 그래서인지 강준흠의 『삼명시화三溟詩話』에는 이용휴와 이가환에 대한 언급이 전혀 없다. 이 글을 쓸 때만 해도 이가환과는 사이가 좋았던 것으로 보인다.

효도에 대해 권면하면서 자신의 몸이 부모님에게 받은 몸이란 사실을 각성하여 부모님이 원하시는 바를 헤아려 행동하기를 촉구했다.

제2장

어떻게 살 것인가

옛사람들은 누구 할 것 없이 수신을 강조하였다. 항상 경계하고 항상 반성하려고 애썼다. 지금 사람이 경쟁에서 살아남기 위해 타인을 꺾으려 애쓴다면 옛사람들은 더 나은 사람이 되기 위해 자신을 이기려고 노력하였다. 이가환은 거창한 담론이나 이념보다도 자신이 인생에서 가치를 두어야 할 것에 관해 관심을 쏟았다. 이것은 본인에 대한 반성이면서도 타인에 대한 깨우침이었다.

화려한 정원

綺園記

하늘에 기이한 빛깔이 있으면 사람이 곧 빌려다 쓰는데, 그중에 가장 서툰 사람이 비단 짜는 여자이다. 고르고 가늘고 매끄럽고 꼬인 누에 실을 골라서 낮에는 햇볕에 쏘이고, 밤이면 달빛에 쏘인 다음, 팔을 뻗어 북을 밀쳐서 날마다 조금씩 짜 꼭두서니나 쪽으로 물들이면 현란한 빛깔이 사람의 눈길을 빼앗는데, 촉蜀 땅 사람이 가장 솜씨가 좋다. 그러나 그렇게 짠 비단으로 옷을 만들면 얼마 안 되어 거무스름하게 빛이 바래니 이루기는 몹시 어렵고 망가지기는 쉽다.

그나마 조금 영리한 사람이 시인이다. 봄바람을 가져다가 정신으로 삼고 밝은 노을을 가까이하고 향기 나는 물로 빨며, 물총새의 깃털과 밝은 옥구슬로 갖가지 장식을 한다. 고운 창자에서 시상詩想을 찾아내어 부드럽게 묘사하되 마음 가는 대로 유려하게 쓰는데, 육조六朝 시대 사람들이 여기에 능하여 오랫동안 전하여도 변하지 않았다. 그러나 온갖 고심을 해서 시를 쓰면 으레 사람이 시기하고 귀신이 성을 낸다. 그러므로 잘 짓기는 몹시 어렵고 곤궁하기는 쉽다.

어찌 기원 주인綺園主人이 땅 몇 평을 개간하여 이름난 화초를 심은 것과 같겠는가. 붉은색, 녹색, 자줏빛, 비췻빛, 옥색, 담황색, 단향목색, 흰색, 옅은 것, 짙은 것, 성긴 것, 빽빽한 것, 새로운 것, 묵은 것, 일찍 피는 것, 늦게 피는 것, 저물 때 피는 것, 새벽에 피는 것, 맑을 때 피는 것, 비 올 때 피는 것들이 빛나고 어른거려 진짜 정취로 진짜 빛깔을 대하고 있으니! 그렇지만 오히려 위치를 잡아서 심고, 접붙이고, 물을 대고, 흙을 돋우고, 가지를 쳐내는 수고를 해야 한다. 이것은 또 어리석고 완고한 늙은이가 한 해 내내 꼼짝 않고 높이 누웠다가 동산 안에 꽃이 활짝 피었다는 소식을 듣고 기쁘게 찾아가서 온종일 편안히 앉아 구경하는 것만 못할 것이다.

하늘에서 만들어 낸 오묘한 빛깔을 사람들은 저마다 흉내 내려고 한다. 그중에 가장 하수는 베 짜는 여자다. 여러 공정을 통해 아름다운 빛깔을 만들어 낼 수는 있다. 하지만 하늘이 만든 빛깔을 내기는 참으로 어려울뿐더러, 만들어 내어도 너무도 허망하게 빛이 바랜다. 그다음은 시인이다. 시상을 찾아내 온갖 화려한 것들을 그려 낼 수 있다. 오랫동안 변하지 않는다는 장점도 없지는 않다. 그렇지만 잘 그려 내기는 어렵고, 잘 그려 낸다 하더라도 그것을 그려 내느라 고심한 시인들은 곤궁해지기도 쉽다.

여기 기원 주인인 유한지兪漢芝, 1760~?가 있다. 유한지의 호는 기원綺園으로 조선 후기를 대표하는 추사 김정희, 눌인 조광진과 더불어 3대 예서체 대가로 꼽힌다. 기원은 화려한 정원이란 뜻인데 유한지는 정원을 가꾸는 벽癖이 있던 인물이다. 그는 형형색색의 꽃들로 정원을 꾸몄다. 하늘의 기이한 빛깔을 흉내 내는 것으로는 이보다 더 마땅한 것이 없다. 그러나 이러한 아름다운 빛깔을 구경하려면 치러야 할 대가도 만만치 않다. 시간과 힘을 들여 꽃들을 가꾸어 주지 않으면 안 된다. 마지막에 한 해 동안 기다렸다가 정원에 꽃이 활짝 폈다는 소식을 들으면 찾아가서 구경하겠다는 말이 재미나다. 노력은 당신이 하지만, 나는 공짜로 그것을 즐겨 보겠다는 뜻을 담았다. 아름다운 정원에 어울리는 아름다운 기문이다.

지금 당장 순임금처럼
可以所記

생질 허순옥許純玉이 병이 들어 위독한 상황에까지 이르러 사람들이 모두 근심하였지만, 나는 근심하지 않았다. 한번은 바다를 건너는데 바람과 파도가 매우 사나워 사람들이 모두 위태롭게 여겼으나 나는 홀로 그렇지 않았다. 얼마 전 순옥이 나에게 말하였다.

"제가 제 처소에 가이소可以所라는 편액을 달고자 하는데 어떻겠습니까?"

이때 내가 순옥과 밥을 먹고 있었는데 나도 모르는 사이에 낯빛이 변하고 젓가락을 떨어뜨렸다. 순옥도 놀라 말하였다.

"이전에도 제가 여러 차례 경계해야 할 만한 일이 있었지만 외숙의 표정이 이렇게 변하는 것을 보지 못하였는데, 지금 이와 같은 것은 어째서입니까?"

내가 낯빛을 누그러뜨리고 나서 탄식하며 말하였다.

"지난날 네가 병들었을 때 내가 걱정하지 않았던 것은 네가 요절할 리가 없었기 때문이다. 바다를 건너는데 내가 두려워하지 않았던 것은 의여衣袽*가 갖추어 있고 사공이 능숙했기 때문이다. 지금 네가 가이可以를 가지고 처소 이름으로 삼으려 하는데, 이 말은 온전한 말이 아니다. 그 아래에 반드시 가리키는 말이 있을 것인데, 나는 그것이 순舜인지 도척盜跖인지, 사람인지 짐승인지를 모르겠기에 낯빛이 변했던 것이다."

순옥이 말하였다.

"저 역시 순임금과 같은 사람이 되기를 바랄 뿐입니다. 어찌 도척과 금수를 말씀하십니까?"

내가 말하였다.

"그렇지 않다. 너는 물건 다는 것을 못 보았더냐? 처음 저울추를 놓을 때에는 내려갔다 올라갔다 해서 추를 당길 수도 있고 미룰 수도 있지만, 잠깐만 지체하면 삽시간에 크게 어그러져 저울추가 땅에 떨어지지 않으면 저울대가 하늘로 치솟아 위태로워질 수 있다. 이런 상황이 눈앞에 닥쳤는데도 네가 장난하듯이 하니 한심하지 않을 수가 있겠는가."

순옥이 놀라 말하였다.

"그렇다면 결단을 내려 내일부터 순임금이 되기를 구하겠습니다."

내가 말하였다.

"안 된다. 오늘에 본다면 내일은 내일이지만, 내일에 이르면

* 의여는 배 안에 물이 샐 것에 대비하여 마련해 두는 헌 옷가지이다. 보통은 위기 상황에 미리 대처하는 것을 가리킨다.

내일은 내일이 아니고 오늘이다. 이와 같은 자는 반드시 또다시 내일을 기다리느라 끝내 결단할 수가 없다."

순옥이 말하였다.

"그렇다면 식사만 마치고 하겠습니다."

내가 말하였다.

"안 된다. 네가 식사 마치기를 기다리는 것은 일이 있는데 마치지 못하기 때문이다. 사람이 생을 마칠 때까지 일을 가지고 일을 결단하면 끝날 때가 없다. 식사를 마친 뒤에는 또 반드시 일이 있게 되니, 이와 같은 자는 끝내 결단할 수 없다."

순옥이 이맛살을 찌푸리며 말하였다.

"그러면 어떻게 해야 합니까?"

내가 말하였다.

"결단할 것이라면 곧바로 해야 한다. 어찌 당장 하지 않는가."

이가환이 생질인 허질許瓆, 1755~1791의 처소에 써 준 기문이다. 이용휴는 외손자를 특히 사랑하였고, 이가환 역시 조카를 끔찍이 아꼈다. 이용휴는 그에 대해 「화암기和菴記」, 「외손허질자순옥설外孫許瓆字純玉說」, 「제외손허질소사고시선후題外孫許瓆所寫古詩選後」, 「서증외손허질書贈外孫許瓆」 등 여러 편의 글을 남겼고, 이가환도 「허순옥묘지명許純玉墓誌銘」, 「원일기순옥元日寄純玉」, 「희순옥도喜純玉到」, 「별순옥別純玉」이라는 글을 남겼다. 그에 대한 기록이 조언림의 『이사재기문록二四齋記聞錄』에도 간단히 남아 있다. 이가환은 조카와 지속해서 왕래하였다. 이렇게 아끼던 조카가 일찍 죽자, 묘지명에서 "내가 그에 대해 아는 것이 그 스스로 아는 것보다도 나았다."라고 했을 정도였다.

허질이 가이소可以所라는 다소 뜬금없는 이름으로 편액을 붙이고 기문을 청했다. 가이可以는 의미가 확정된 단어가 아니다. 뒤에 무슨 말이 오느냐에 따라서 의미가 정해진다. 이가환은 이런 모호한 이름이 마뜩잖았던 모양이다. 지향하는 바가 명확하지 않으면 절대로 발전하지 못한다. 순임금과 도척은 양극단에 놓인 사람이다. 그러나 인간이 괴물이 되는 것도 한순간이라 할 수 있다. 그렇다면 목적으로 삼는 것이 뚜렷해야 한다. 이가환은 이 때문에 다소 지나칠 정도로 허질을 몰아세운다. 거기서 그치지 않고 과실이 있다면 미루지 말고 지금 당장 고치라고 훈계했다. 조카를 아끼는 외삼촌의 따스한 마음이 그대로 전해진다.

모든 것이 한순간
樂淸臺記

서경西京에 자남산子男山이 있는데 마치 코가 얼굴에 붙어 있는 듯한 모습으로 사면에 다 사람들의 집이 있다. 산에 있는 풀과 나무를 거의 셀 수가 있을 정도이니 어찌 깊고 그윽한 곳이 남아 있으랴! 그런데 왕신필王信弼 군이 산꼭대기에서 북쪽으로 몇 걸음 떨어진 곳에 땅을 얻었다. 그곳은 이미 높고도 깊지만, 언덕을 내려가면 겉으로는 가려져 있어도 안은 넓었고, 깊숙하고 그윽하지만 비탈을 오르면 시야가 탁 트여서 멀리까지 바라볼 수 있다. 서쪽으로는 관리영管理營과 접해 있고, 동쪽으로는 목청전穆淸殿*이 내려다보이며, 신숭산神崧山, 성거산聖居山, 자하동紫霞洞, 만월대滿月臺의 경치는 자향子向·계향癸向·축향丑向·건향乾向의 하늘이 터진 틈으로 보였다. 구경하는 사람들이 모두 놀라 말하였다.

"이런 곳이 여기에 있는데, 우리가 이제야 알게 된 것은 어째서인가?"

* 목청전은 태조가 살던 개성의 옛집이다. 태종 때부터 태조의 어진을 봉안해 두고 개성부의 경력經歷을 집사로 임명하여 제사를 모시게 하였다.

이에 가깝게 사귀는 사람 수십 명이 매일 모였으니, 술통을 메고 와 시를 짓고 거문고를 탔으며 바둑 두는 사람, 활 쏘는 사람도 왔다. 왕 군은 그들을 돌아보며 볏짚을 엮어 지붕을 잇고 돌을 쌓아서 대臺를 만든 다음, 우거진 잡초를 쳐내고 좋은 나무를 더 심으니, 높직하고 푸르러서 무어라 형언할 수가 없었다. 이는 서경의 풍속이 경치 좋은 곳에 별장을 세워 놀고 구경하는 장소로 만들기를 좋아하였기 때문이다. 어느 날 한번은 이 모임에 참여하지 못한 사람들이 모여 백낙천白樂天의 "숲 속에서 좋은 놀이 다 하며, 음악으로 맑은 시절을 즐긴다."*라는 구절에 취하여 그 대를 낙청대樂淸臺라 이름 짓고 나에게 기문을 써 달라고 했다.

내가 말하였다.

"그대들은 즐긴다는 것이 무슨 말인지 아시오? 일 년 중에서 혹독한 더위에 시달리는 여름, 심한 추위에 두려워하는 겨울, 쓸쓸하게 나뭇잎이 떨어지는 것을 슬퍼하는 가을을 제외하면 즐길 만한 것은 봄뿐이오. 또 봄 한 철에서도 너무 이르고 늦은 때와 꽃이 피었더라도 바람 불고 비 내릴 때를 제외하면 날이 화창하고 꽃이 흐드러지게 피는 날은 며칠밖에 되지 않는다오. 이러한 며칠 가운데서 또 밤을 제외하고 새벽과

* 이 시는 사실 백거이 작품이 아니고 한유의 작품이다. 한유의 「봉화복사배상공감은언지奉和僕射裴相公感恩言志」에 나오는 구절인데 이가환이 착각한 듯하다.

저녁을 제외하면 즐길 만한 시간은 얼마 되지 않으니, 즐기기 어려운 것이 이와 같다오.

사람이 세상을 사는 것도 이와 비슷하오. 일찍이 수천 년의 역사를 놓고 살펴보았더니 큰 난리를 겪은 때가 3분의 1이고, 난리의 조짐을 보였던 때가 4분의 1이며, 난리는 없어도 치세治世라고 할 수 없는 때가 대부분이었소. 몇 대에 걸친 태평세월로 편히 쉬어 원기가 회복되고 천지는 화창하고 강산은 아름다워 눈썹을 펴고 활짝 웃으며 기분 좋게 유유자적할 수 있을 때를 찾아보면 수백 년에 한 번이나 있을 뿐이오. 혹 이러한 시절을 만났더라도 또 벼슬에 매이지 않고, 병에 걸리지 않으며, 입을 것과 먹을 것을 걱정하지 않고, 글솜씨가 부족하지 않아야만 그 즐거움이 비로소 온전하게 되오. 지금 제군들은 다행스럽게도 그런 것을 겸비하였으니 또한 지극한 즐거움이 여기에까지 이른 줄을 알아야 할 것이오!"

이 말을 듣고 모두 그렇다고 하였다.

내가 또 고하였다.

"물고기는 물에서 노니 물을 잃게 되면 곧바로 말라 죽고, 풀은 흙에서 자라니 흙을 떠나면 곧 시들해지오. 여러분이 이런 즐거움을 누리는 것은 모두 우리 임금 덕분이오. 여러분은 이렇게 여유롭게 즐기면서도 그러한 연유를 모르고 있는데, 우리 임금께서는 실로 구중궁궐에서 근심하고 수고하고 계십니다. 이제부터는 술을 마시는 사람이 술잔을 들 때나, 시를 짓는 사람이 붓을 잡을 때 남쪽을 향해 두 번 절을 한 뒤에야 술잔을 들고 시를 지읍시다."

곧 다시 삼가는 표정으로 말하였다.

"말씀대로 하겠습니다."

그들에게 말하고 마침내 써서 기문으로 삼는다.

왕신필이란 사람이 낙청대라는 누대를 짓고 친구들과 모임을 했다. 왕신필은 이 누대의 기문을 이가환에게 부탁했다. 일 년을 놓고 보면 그나마 봄철이 놀기에 제격이지만, 봄철도 이런저런 경우를 제외하고 나면 놀 수 있는 날은 며칠 되지 않는다. 그리고 세상은 항상 난세였지 치세였던 적이 얼마 없었다. 어디 세상만 그러한가. 사람의 한평생도 마찬가지다. 어리고, 아프고, 늙고, 마음 아프고, 기분 나쁜 때를 빼면 마음껏 놀 수 있는 시간은 순간에 불과할지 모른다. 그러니 이러한 기쁜 순간을 함께 누리려 만난 친구들이 얼마나 소중하고 아름다운가. 또, 이 모든 것을 가능하게 해 주는 든든한 배경인 군주에 대한 감사도 잊지 않았다. 인생에 대한 통찰이 엿보이는 글이다.

아들만을 위한 공부방
讀書處記

세상에 책을 읽는 사람은 있어도 책을 읽기에 알맞은 장소란 없다. 만일 책을 읽고자 한다면 초가집의 부뚜막 옆, 부서진 책상이나 다 떨어진 자리가 모두 책이 쌓여 있는 서실과 같을 것이다. 만일 책을 읽고자 하지 않는다면 시원한 누각이나 따뜻한 저택, 둥근 연못과 네모난 우물가, 왕래하는 이가 없이 문을 닫아건 집, 시원한 대자리나 무늬 있는 방석이라도 곧잘 바둑을 두거나 술판을 벌이는 장소가 될 뿐이다.

조대구趙待求 군은 이러한 사실을 모르지는 않았으나 오히려 책을 읽는 방을 만들었으니, 이는 그의 아들 길증吉曾을 위해서이다. 부모는 자식을 사랑함에 지극정성을 쏟기 마련이다. 길증은 이러한 뜻을 잘 알아 비록 무릎이 시리고 안질이 생기거나, 책을 읽느라고 입이 바짝 마르더라도 반드시 그만두어서는 안 될 것이다. 만일 책 한 권을 다 읽지 않고서 하품을 하고 기지개를 켜고는 책을 덮고 밝은 창을 열어젖히고 강을 마주 보며 구름처럼 흘러가는 배나 모래 위에 노니는 새를 감상한다면 나는 길증에게 기대할 것이 없을 것이다.

조재성趙材成이 독서에 전념하라는 뜻에서 아들에게 방을 만들어 주고는 이가환에게 글을 청했다. 사실 이가환은 따로 공부방을 만들어 주는 일이 썩 마음에 들지는 않았던 것 같지만, 부모의 정성을 생각하여 글을 써 주었다.

독서에 대한 간절한 마음만 있다면 장소는 그다지 중요하지 않다. 그럼에도 부모 된 입장에서는 자식이 더 좋은 환경에서 공부에만 집중하게끔 만들어 주고 싶은 법이다. 그러니 그러한 부모의 마음을 헤아려서 몸이 어떠한 상태이든 독서에 집중하고, 딴생각을 품지 않기를 바랐다.

즐거운 나의 집
樂是廬記

'이것'을 즐거워한다면 달팽이 집처럼 작은 집에 살고 새끼줄로 띠를 두르고 쌀가루 하나 섞이지 않은 나물국을 먹는 것도 즐거워할 수 있다. 하물며 주인은 집이 비록 서너 칸밖에 안 되지만 비바람을 가릴 만하고, 의복이 허름하지만 추위와 더위를 막을 만하며, 밥이 거칠더라도 아침저녁 끼니를 이을 만하다.

'이것'을 즐거워하지 못한다면, 무고武庫*가 있던 곳으로 이사해서 집의 벽을 비단으로 꾸미고 날마다 만 전萬錢이나 되는 진귀한 음식을 먹어도 오히려 스스로 만족하지 못할 것이니, 하물며 이 집으로 만족할 수 있겠는가.

주인이 '이것'을 즐거워할 수 있다면 훌륭하다. 그러나 '이것'이란 정해진 것이 없으니, 내가 거처하는 바가 모두 '이것'이다. 지금 주인은 마침 곤궁함에 처해 있으므로 '이것'을 즐기는 것을 훌륭하다고 한 것이다. 만약에 하루아침에 부유하게 되어

* 무고는 고려와 조선 시대 때, 병기 및 군대의 의장 따위를 보관하던 창고이다. 때에 따라 그와 같은 것들을 제작하거나 관리하는 관아인 '군기감軍器監', '기기국機器局'으로 일컫기도 하였다.

서도 '이것'을 즐긴다면 어찌 옳겠는가. 그러므로 나는 주인이 별도로 '이것'을 구하고 거처로만 '이것'을 삼지 말았으면 한다.

사람들은 이미 가지고 있는 것에 감사할 줄 모르면서, 지금 없는 것 때문에 늘 괴로워하기 마련이다. 옷이야 노魯나라 영계기榮啓期란 노인이 사슴가죽 옷에 새끼줄로 허리를 두른 것처럼 하면 되고, 먹을 것이야 공자가 진陳나라와 채蔡나라 사이에서 포위당하여 일주일 동안 음식을 익혀 먹지 못하고, 쌀가루를 타지 못한 명아줏잎 국을 마셨던 일처럼 하면 그뿐이다. 사는 곳은 비바람을 막아 주면 충분하다. 그런데도 사람들은 관아처럼 널찍한 집에다 화려한 무늬로 집을 꾸미고, 진晉나라 하증何曾처럼 한 끼에 만 전짜리 음식을 먹으면서 "젓가락으로 집어 먹을 것이 없다."라고 하며 만족할 줄을 모른다.

이 짧은 글에 '시是'를 무려 아홉 번이나 썼다. 여기서 시是는 '이것'과 '옳다'의 중의적 의미로 사용됐다. '이것'이란 의미로 새길 때에는 가난을 가리키는 것으로 보인다. 거처에 행과 불행이 달려 있지는 않으니 지금 사는 곳에 만족하면 된다. 그렇다고 가난함 자체로만 만족으로 삼아서는 곤란하다. 여기서 한 발자국 더 나아가 옳은 일을 하려고 노력해야 한다.

다섯 가지 가르침
遵五堂記

나주에 은거하는 군자가 있었으니 치암致菴 김 공金公이란 분이다. 자손에게 유훈遺訓을 남기기를 "효도하고 우애하고 충성하고 신의를 지키고 편당을 짓지 마라!"라고 하였다. 자손들이 이 가르침을 힘써 받들고 당의 이름을 준오당遵五堂이라고 하였으니, 선조를 생각할 수 있고 집안을 보존할 수 있다는 점에서 훌륭하다. 그러나 효도와 우애와 충성과 신의는 확정된 이름이고, 당黨이란 비어 있는 자리이다. "편당을 짓지 마라."라는 말은 기자箕子의 가르침이다. 내가 알기로 기자는 분명 비간比干과 미자微子*의 당이었지, 비렴飛廉과 악래惡來*의 당이 되지는 않았다. 공자께서도 일찍이 "우리 당의 젊은이들이 뜻은 크지만 일에는 엉성하다."라고 하셨다. 이러한 것으로 보건대 당黨 중에서 미워하는 것은 사사로운 당이지 군자의 당은 아니다.

* 비간은 은殷나라 주왕紂王의 숙부인데, 주왕의 악정을 간하다가 심장을 찢겨 죽었다. 미자는 주왕의 형으로 여러 차례 간했으나 듣지 않자 국외로 망명했다. 그는 신분을 감추기 위해 거짓 미치광이가 되고 또 노예가 되기도 했다.
* 비렴이 아비이고 악래는 그 아들로서 모두 주왕을 섬기며 죄악을 도운 간신이다.

사람으로서 효도하고 우애하고 충성스럽고 신의가 있다면 그의 당도 반드시 효도하고 우애하고 충성스럽고 신의가 있을 것이다. 효도하고 우애하고 충성스럽고 신의가 있는 당이라면 어찌 편당을 하겠는가. 치암 김 공이 '편당을 짓지 마라'고 경계하되 반드시 먼저 효도, 우애, 충성, 신의를 말하였으니, 그 뜻이 매우 깊다고 할 수 있다. 자손들이 이 가르침을 공경히 준수한다면 비록 백 대를 이어가도 좋을 것이다.

치암 김 공이 누구인지는 확인되지 않는다. 그는 죽기 직전 자손들에게 효도, 우애, 충성, 신의를 강조하고 편당을 짓지 말라는 유훈을 남겼다. 다른 것은 달리 설명이 필요 없겠지만, 편당에 대한 이야기는 과거에도 다른 시각이 있었다. 당이란 무리를 짓는 것이다. 악한 사람들이 무리를 짓는다면 그 폐해는 보지 않아도 알 수 있지만, 군자가 무리를 짓는다면 이로움이 있게 된다. 그러니 공자도 말했듯이 당이라고 해서 무조건 나쁘다고 볼 수는 없다. 문제가 되는 것은 특정 집단의 이익을 위해 무리 짓는 사당私黨이다. 인간의 기본 덕성인 효도, 우애, 충성, 신의를 무시하는 사람들이 편당을 짓는다면 소인들의 사당이 될 것은 자명하다. 기본 덕성이 갖추어지지 않은 사람들이 당을 만들거나 거기에 속했다가는 자기 자신과 가문도 풍비박산이 난다. 가장 중요한 것은 인간의 기본 덕성을 충실하게 함양하는 일이다.

꿈속에 놀러 오는 희황상인

睡牕記

허자許子는 매우 가난하여 넓은 집과 단단한 문이 없고, 오직 비좁은 골목길에 조그마한 집 한 채가 있다. 집에는 창이 있는데, 창을 열면 바로 골목이니 매우 추레한 곳이다. 집은 사방이 한 길쯤 되는데, 허자는 키가 겨우 칠 척이니 방에서 발을 뻗더라도 자리가 남아돈다. 그러니 집이 이보다 커서 비록 천만 칸이 된다 한들 무엇에 쓰겠는가! 하물며 창 안에는 먼지가 들어오지 않고 책이 진열되어 있어 마음이 즐겁고 뜻에 맞기 때문에 창밖에 무슨 유쾌한 일이 있는지를 알지 못한다. 어떤 사람이 말하였다.

"창밖의 일은 허자가 알 수 있는 바가 아니고, 안다 하더라도 소용이 없는 것이다. 그러므로 잠에 의탁하여 달아나느라고 편액을 수창睡牕이라 하였다. 그의 잠을 어지럽게 만드는 사람은 오직 가끔 찾아오는 희황상인羲皇上人*이 있을 뿐이다."

* 희황상인은 중국 고대 전설상의 제왕인 복희씨伏羲氏 시대인 태곳 적의 사람이라는 뜻으로, 속세를 떠나 한가로이 지내는 사람을 말한다.

허자가 사는 집은 초라하고 좁아터졌지만, 그래도 몸 하나를 누이고 남는 공간이 있었다. 물론 남들과 비교해 보면 한없이 초라한 공간이다. 항상 남들과 비교하는 것이 문제다. 창문을 열고 다른 집, 다른 사람, 다른 상황을 비교치 말고 창문을 닫고 내 안에 침잠하면 그뿐이다. 세상일 중에 내 마음대로 할 수 있는 것이 별반 없다. 노력은 내가 한다지만, 선택이나 운명은 하늘에서 결정한다. 그러니 창밖의 일에 기웃대지 말고 나에게 집중하면 된다. 간간이 잠이 쏟아지면 꿈속에서 희황상인을 만난다고 했으니 자신이 세상을 잊고 숨어 사는 뜻을 분명히 드러낸 셈이다.

일상에 힘써라
順事亭記

정원부定遠府의 서쪽에 임해산臨海山이 있다. 바다를 굽어보지 않았고, 산의 한 줄기가 남으로 치달아 입초산立草山이 된 뒤에야 비로소 바다를 굽어본다. 빼어난 경치를 등지고 널찍한 바다를 향했으니 그 장소가 더욱 아름답다. 처사 김 아무개가 그곳에 살면서 정자를 지어 순사정順事亭이라고 하고는 그 아들을 보내 나에게 기문을 지어 달라고 청하였다.

내가 듣자니 처사가 집에서 지낼 때에 아침이 되면 일어나 세수하고 머리 빗고 나서 집안일을 돌보았다. 그러고 나서 아침밥을 먹고 여러 일을 처리하였으며, 저녁에는 또 밥을 먹고 날이 어두우면 등불을 켜고 한밤중이 되어서야 잠자리에 들었다. 봄에는 농기구를 사용해 농사짓고 누에 채반에다 누에를 쳤고, 여름에는 고치를 켜거나 김을 매며, 가을에는 수확하고, 겨울에는 갈무리하였다. 어려서는 부모를 섬기고 장성해서는 스승과 벗에게 나아가며, 자녀를 두어서는 음식을 먹이고 가르치는 것이 모두 남들과 같아 다른 점이 없는 것 같았다.

그러나 반드시 일찍 일어나 세수하고 머리 빗고 의관을 단정히 갖추었다. 집안일을 다스리는 데는 모두 합당함을 얻었고, 먹는 것은 배부름을 구하지 않았으며, 등불을 끄고도 몸가짐을 흐트러뜨리지 않았으니, 이것은 하루의 일이 다스려진 것이다. 농사와 양잠에 힘써서 어른들을 공양하고 그 나머지 것으로 처자식을 편안케 했으니, 이것은 일 년의 일이 다스려진 것이다. 또 부모를 섬김에는 예를 어김이 없었고 스승과 벗에게 나아가서는 스승과 벗들이 그의 선을 칭찬하였으며, 자녀를 교육하는 데에는 이익과 작록爵祿으로 하지 않고 경술經術로써 권면하였다. 날마다 부지런히 함은 처사가 힘쓴 바이니, 내가 기꺼이 그를 위해 기문을 쓰는 까닭이다.

어떤 사람이 지나가다가 비웃으며 말했다.

"이 또한 사람의 일상생활인데 어찌 칭찬할 것이 있겠는가."

내가 말하였다.

"그렇다. 그러나 그 일상적인 것을 따르지 않는 사람이 많아 천하에 비로소 일이 많아졌다. 만약에 한 사람이 이와 같이 하면 한 몸이 다스려질 것이요. 한 집안이 이와 같이 하면 한 집안이 다스려질 것이며, 한 나라가 이와 같이 하면 한 나라가 다스려질 것이고, 천하가 이와 같이 하면 천하가 곧 편안하게 다스려질 것이니, 이것을 벽 사이에 끼워 두고 처사와 함께 따라 힘쓰고자 한다."

정주 목사 재임 시절, 이름 없는 처사의 아들이 찾아와 기문을 부탁하자 써 준 글이다. 명나라 학자 서사증徐師曾은 『문체명변文體明辨』에서 한문 문체 기記를 다음과 같이 설명하였다.

대개 기란 비망록이라 할 수 있다. 예컨대 건물의 준공을 기록할 때는 마땅히 언제 시공하여 언제 준공하였는가, 소요된 경비가 얼마인가, 누가 주관했고 누가 도왔는가를 모두 기록하고 그 일을 서술한 뒤에는 간단하게 의론을 지어 끝맺어야 한다.

이처럼 기란 곧 객관적인 사실에 따른 글이다. 후대에 오면서 의론이 강조되었는데, 이가환도 대부분을 의론에 할애하였다. 이러한 점은 선친인 이용휴와도 유사하다.
여기 처사 한 사람이 있다. 하루에는 하루의 일과를, 한 해에는 한 해의 일정을 충실히 했다. 어른들을 공양하고 처자식을 건사했다. 부모에게는 예절을 깍듯이 지켰다. 스승이나 친구들은 모두 입을 모아 그의 선을 칭찬했다. 게다가 자녀의 교육에도 출세를 바라는 속된 마음이 없었다. 어떤 사람은 누구나 다 하는 일이 아니냐고 비아냥거릴지 모른다.

하지만 진리는 어려운 데 있지 않고 좋은 말은 기궤한 데 있지 않다. 사람들은 평범하고 소박한 데에 진리가 있음을 깨닫지 못하고 이상하고 망측한 일에만 관심을 기울인다. 이렇게 사람 구실을 하며 사는 일은 말처럼 쉽지 않다. 세상에 대한 탄식과 원망 속에 자신의 과실은 너무도 쉽게 간과해 버린다.

입, 몸, 마음

三守齋記

권치복權穉福 권구이 그의 거처에 삼수三守라는 이름을 붙였으니, 입과 몸, 마음을 이른 것이다. 나는 말한다. 좋구나! 자신을 위하는 데에 뜻을 둔 사람이여. 그러나 몸에서 드러나고 입에서 나오는 것은 모두 마음이다. 진실로 그 하나를 지킨다면 셋까지는 없어도 된다. 하나를 지키는 데에는 도리가 있는데 그대는 그것을 알고 있는가. 지킨다는 것은 도적을 방어하는 것이니, 마음의 도적은 바로 외부의 유혹이다. 외부의 유혹이 있을 때 매우 형편없는 사람이 아니라면 모두 마음을 지키려고 한다. 그러나 끝내 지키지 못하는 것은 어째서인가. 한갓 도적을 막아야 한다는 것만 알고, 내가 무엇을 위해 지키는지 알지 못하기 때문이다.

충성스럽고 의로운 선비가 목숨을 바쳐 고립된 성을 지키는 것은 나라를 위해서이다. 지금 잡으면 보존되고 놓으면 달아나 버리는 것이 마음인데, 온갖 공격을 당하면서도 누구를 위해 지키는 줄 모른다면 지킬 수가 없는 것은 당연하다. 그러므로 옛 군자들은 반드시 나를 낳아 주신 분을 생각해서 그분들을 위해 지켰으니 그렇게 한 뒤에야 그 지킴이 단단해진다. 나는 그대가 이른 아침부터 밤늦도록 전전긍긍하여, 한번 발을 들 때에도 감히 부모님을 잊지 않고, 말 한마디를 꺼낼 때에도 감히 부모를 잊지 않아서 부모를 욕되지 않게 하기를 바란다. 그렇게 한다면 거의 지킬 수가 있을 것이다.

그렇더라도 마음을 지키는 것은 성城을 지키는 것에 비할 것이 아니다. 성 중에는 백 년이 되어도 도적이 없는 곳이 있고, 도적이 있다 하더라도 또 백성들이 목숨을 바쳐서 지키며 떠나지 않는 곳도 있다. 그러나 마음은 그렇지 않다. 시시때때로 외부와 접하지 않을 때가 없으니, 이것은 도적이 없는 때가 없는 것과 같다. 안으로 간사한 짓을 하려고 하면 백성들이 항상 남모르게 그와 함께 통하게 된다. 이런 점에서 백성이란 믿을 것이 못 되니, 이 사실은 또 몰라서는 안 된다.

이가환에게는 두 딸이 있었다. 큰딸은 탄옹炭翁 권시權諰의 후손인 권구權耈에게 시집갔고, 작은딸은 복암茯菴 이기양李基讓의 아들 이방억李龐億에게 시집갔다. 이가환은 권구에게 몇 편의 글과 시를 남겼다. 그에 대한 다른 사람들의 글로는 강준흠의 「간내제권치복柬內弟權穉福」·「만남리여내제치복연구晩南里與內弟穉福聯句」·「제석내제치복내자공주흔연공부除夕內弟穉福來自公州欣然共賦」가 있고, 이학규의 「권구배여주이씨묘지명 權耉配驪州李氏墓誌銘」이 있다.

입과 몸, 마음은 자신을 위한다면 꼭 지켜야 하는 것들이다. 하지만 그 중에 마음만 제대로 지킨다면 입과 몸은 저절로 바로잡힌다. 그렇지만 마음을 잡는 일은 말처럼 쉽지 않으니, 마음은 늘 외부의 유혹에 흔들리기 십상이다. 마음을 지키는 데에는 부모를 생각하는 마음보다 더 좋은 것이 없다. 내 부모가 날 어떤 아픔을 겪으며 낳았으며, 어떤 마음으로 길렀을까를 생각한다면, 저절로 내 몸과 정신을 함부로 쓰지 않게 된다. 마음 지키는 것을 성을 지키는 데 빗대곤 하지만, 사실은 그보다 훨씬 더 어려운 일이다. 성은 외부의 적에 맞서 싸우는 백성이 있지만, 마음은 그렇지 않다. 내 안에 있는 본성과 본심은 외부의 유혹보다 때때로 더 무섭다. 그러니 마음을 다잡으려면 외부의 유혹을 물리치고 내적인 수양을 쌓는 일에 힘쓰지 않을 수 없다.

참된 두려움

送權甥稺福序

공자께서 "성인의 말을 두려워해야 한다."라고 하셨는데 이 말은 무슨 말인가. 보통 사람들을 놓고 말한다면 추구하는 것은 부귀·영달·명예이고, 싫어하는 것은 빈천·곤궁·우환이다. 이를테면 성인의 말을 따라 부귀·영달·명예를 누리고, 성인의 말을 업신여겨 빈천·곤궁·우환에 놓이게 된다면 진실로 두려워할 만하다. 그렇지만 지금 그 말을 따라도 반드시 부귀·영달·명예를 누리지 못하고, 업신여겨도 반드시 빈천·곤궁·우환에 놓이지 않으니 두려워할 만한 점이 있겠는가. 공자와 같은 성인이 이 같은 사실을 모를 리가 없는데도 오히려 매우 두렵다고 하셨으니 이것은 곧 분명 참으로 두려워할 만한 점이 있는 것이다.

두려워해야 하는 것은 무엇 때문인가. 성인의 말씀은 모두 사람이 사람되는 까닭이니, 그것을 어기면 사람이 되지 못할 것이고, 사람으로서 사람이 되지 못한다면 금수일 따름이니 도리어 매우 두렵지 않겠는가. 만약 이런 말을 듣고서도 두려워할 줄 모른다면 이것은 공자께서 두려워한 것을 두려워하지 않는 것이니, 슬픈 일이다.

권치복 군은 삼가고 경계하고 공손하니 이미 두려워할 줄 아는 자이다. 비록 그러나 두려워하는 것에도 몇 등급이 있어 약간 두려워하는 자도 있고, 깊이 두려워하는 자도 있으며, 전전긍긍하여 하나의 털끝만큼도 어기면 안 된다고 생각하는 자도 있다. 두려워하기를 깊이 할수록 덕은 더욱 진전될 것이다. 그러므로 "배움이란 반드시 성인의 말씀을 두려워하는 데서부터 시작한다."고 말하는 것이다.

이 글은 맏사위 권구가 어딘가로 떠날 때 주었던 글이다. 떠나는 이유나 장소에 대한 언급 없이 당부하는 말을 주로 하고 있다. 『논어』「계씨季氏」에 공자가 "군자는 두려워해야 할 것이 세 가지가 있으니, 천명을 두려워하고, 대인을 두려워하며, 성인의 말을 두려워해야 한다."라고 하였다. 성인의 말을 두려워한다는 것은 결국 무엇을 두려워해야 한다는 말인가. 대부분 사람은 개인의 행복과 불행에 귀속시켜 이 말을 해석한다. 그러나 정작 우리가 두려워해야 하는 것은 인간답지 못한 삶이다. 인간답지 못하면 짐승과 다를 바 없는 지경까지 갈 수도 있다. 두려워할 것을 두려워하는 것이야말로 자신의 수양과 발전을 위한 참된 두려움이다.

배움에 뜻을 두어라

贈沈生序

일찍이 동인同人들과 모였을 때다. 한 사람에게 물었다.

"어찌하여 배우지 않는가?"

그 사람이 대답하였다.

"불행하게도 가난하여 의식을 해결하기에 바빠 배우지 못합니다."

또 한 사람에게 물으니 대답하였다.

"불행하게도 병을 앓고 있어 침과 약에 치여서 배우지 못합니다."

또 물으니 대답하였다.

"나는 늙어서 배울 수가 없소."

또 물으니 말하였다.

"나는 아둔하여 되지를 않습니다."

또 물으니 귀한 사람이 말하였다.

"나는 배울 겨를이 없네."

이번에는 부자가 말하였다.

"나는 할 일이 많다오."

어떤 이는 객지로 떠도느라 분주하다며 사양하고, 어떤 이는 궁벽하고 먼 데 살아서 고루하다며 사양하였다.

탄식하며 이렇게 말하였다.

"가난하다고 배우기를 포기할 수 있다면 원헌原憲*은 배울 수가 없었을 것이고, 병들었다고 배우기를 포기할 수 있다면 염백우冉伯牛*는 배울 수가 없었을 것이다. 늙었다고 배울 수 없다면 원백업袁伯業*은 어떤 사람이며, 또 노둔하다고 배울 수 없다면 증자曾子*는 어떤 사람이었던가. 존귀하여 배울 수가 없다고 말한다면 공자는 일찍이 노魯나라의 사구司寇가 되어서 정승이 하는 일을 대행하셨으며, 맹자는 제齊나라 삼경三卿 가운데 한 사람이었다. 부자여서 배울 수가 없다고 말한다면 자공子貢과 공서화公西華는 재산이 넉넉하였으며, 객지 생활로 분주하다고 말한다면 조빈경趙邠卿은 성姓을 숨기고 달아나서*

* 원헌은 공자의 제자이다. 매우 가난하여 집은 풀로 지붕을 덮고 옹기로 낸 창문을 헌옷으로 막아 위는 비가 새고 아래는 습기가 찼을 정도로 청빈하기로 유명하였다.
* 염백우는 공자의 수많은 제자 중에 안연·민자건과 함께 덕행이 뛰어난 인물로 일컬어졌다. 가난하게 살면서도 학문과 수양을 게을리하지 않았으나, 젊은 나이에 병이 들어 죽었다.
* 원백업은 원유袁遺를 가리킨다. 후한後漢 여남汝南 사람으로 학문을 좋아하여 조조曹操로부터 "다 성장해서 학문에 힘쓰는 자는 나와 원유뿐이다."라는 칭찬을 들었다.
* 증자는 곧 공자의 제자 증삼인데, 공자로부터 노둔하다는 평가를 받았다. 하지만 그만큼 성실하게 학문에 임했던 노둔한 증자가 결국 공자의 도통道統을 얻어 전했다.
* 조빈경은 후한 때 사람 조기趙岐이다. 당시 권세가였던 중상시中常侍 당형唐衡의 형 당현唐玹을 비판하였는데, 당현이 권세를 잡자 조기의 집안을 멸족시켰다. 이에 화가 미칠 것을 두려워하여 달아나서 성명을 바꾸고 전국을 돌아다녔다.

사방을 돌아다녔으며, 궁벽하고 먼 곳에 살아서 고루하다고 말한다면 제갈공명諸葛孔明은 흙 언덕 가운데에서 일어났다.

이것은 모두 그대가 배움에 뜻이 없는 것이지, 상황 탓이 아니다. 천하에 어찌 가난이 마음을 어지럽히는 데에 이르지 않으며, 부유함이 뜻을 해치는 데에 이르지 않고, 나이가 젊고 병이 없으면서도 높은 재능이 있으며, 벼슬에 매이지 않고 편안하게 집안에 앉아서 현명한 부형들의 언행에 교화를 입을 사람이 있겠는가. 수천 년 동안에 수만 인을 보아도 볼 수 없었을 것인데, 지금 보니 심생沈生 여옥汝玉은 참으로 그러한 사람이다. 내가 그래서 놀라고 기뻐하는 것이다. 심생은 반드시 자신이 이렇게까지 운이 좋다는 사실을 알지 못할 것이다. 그러므로 기꺼이 말해 주어 그가 뜻을 세우기를 권면하는 것이니, 뜻이 확립된다면 다시 진전이 있을 것이다.

이런저런 상황을 다 따지다가는 배울 수 있는 사람이 아무도 없다. 가난한 사람은 먹고사느라 바쁘고 아픈 사람은 병치레에 온갖 진이 다 빠져서 힘들다. 또, 늙었다거나 아둔하다는 핑계를 대기도 한다. 귀한 사람은 너무 바빠서 짬이 안 나고 부자는 할 일이 많다는 핑계를 댄다. 떠돌이는 이리저리 옮겨 다니느라 겨를이 없고, 촌사람은 보고 들은 식견이 적다고 한다. 그러나 동서고금의 큰 성취를 남긴 사람들은 예외 없이 주어진 환경을 탓하지 않고 끊임없이 배움을 이어 나갔다. 심여옥은 심석沈鉐으로 상고할 수 없는 인물이다. 하지만 잔병치레 없는 건강한 젊은이로 재능을 갖췄음에도 벼슬자리에 기웃대지 않으며, 학문에만 전념했던 사람으로 보인다. 젊은 후배를 독려하는 마음이 문면에 가득하다.

언젠가는 뚫리리

硯銘

단단하다 말을 말라　勿謂堅
갈아 대면 뚫리는 것　磨則穿
학문에 뜻을 두는 것이　志於學
그와 같지 않겠는가　奚不然

과골삼천踝骨三穿은 학문에 매진하느라 복사뼈에 세 번이나 구멍이 났다는 말이다. 조갑천장爪甲穿掌은 손톱이 손바닥을 뚫는다는 말로, 굳게 결심하고 목표를 달성하기 위해 노력하는 것을 의미한다. 이처럼 무언가 성심으로 이루고자 하면 되지 않을 일이란 없다. 오랜 세월 갈다 보면 단단한 벼루조차 뚫릴 수 있듯이 학문도 자신이 노력하는 것만큼 큰 성과를 거두는 법이다.

장수하는 방법
痴窩壽詩序

수명을 늘리는 방법에 대해서는, 나는 모른다. 그러나 살펴보건대, 세상에서 마음껏 욕망을 추구하고 추위와 더위를 무릅쓰며 명예와 이익을 추구하여 가진 능력으로 인해 자신을 괴롭힘으로써 그 몸을 잃는 사람을 수명을 재촉한다고 이른다. 수명을 재촉할 수 있다면 분명 수명을 늘릴 수도 있을 것이다. 노끈에 비유할 수 있다. 꼬아서 짧게 할 수 있으니 당겨서 곧 길게 할 수도 있다.

치와옹痴窩翁은 단전호흡을 하지 않고 단약丹藥을 먹지 않으면서도 태평하게 노닐고 기분 좋게 잠을 자서, 나이가 일흔세 살인데도 모습이 늙지 않고 정신이 날로 더 좋아지니 사람들이 모두 그를 이상하게 여긴다. 그런데 그의 생활 방식을 살펴보니 다른 교묘한 방법이 없고, 다만 수명을 재촉하지 않을 따름이었다.

아! 무릇 사람의 바람 중에 장수보다 더 간절한 것은 없다. 그런데 그 장수에 이르는 방법은 이렇게 간단하고 쉽다. 내가 이를 드러내어 노심초사함으로써 빨리 죽기를 바라는 세상

사람에게 고하고, 또 치와옹의 자손들에게 고하여 대대로 그 방법을 지켜가게 하노라.

장수는 하늘에서 받은 선천적인 면도 있지만, 주어진 수명을 관리하는 후천적인 면도 있다. 그런데도 사람들은 스스로 제 수명을 갉아먹는 짓을 어렵지 않게 하곤 한다. 몸과 정신에 좋을 것이 없는 욕망을 따르거나, 몸을 소중히 여기지 않고 함부로 다루며, 명예나 이익에 온 정신을 파는 일 등은 모두 저 스스로 수명을 재촉하는 것들이다. 치와옹은 이와는 정반대였다. 기공술氣功術이나 연단술練丹術에 눈을 돌리지 않고, 여유 있게 놀았으며 숙면을 취했다. 이 덕분인지 일흔세 살이 되었어도 외모와 정신이 젊은 사람 못지않았다. 그가 그럴 수 있었던 이유는 수명을 재촉하는 일체의 일을 하지 않았기 때문이다. 결국 사람들은 장수를 바라면서도 역설적이게도 이와는 정반대의 생활 태도를 가진다. 장수하는 것이 어찌 몸에 좋은 보약이나 먹는다고 가능하겠는가. 수명을 단축하는 일을 하지 않는 간단한 진리는 무시한 채, 수명을 늘리는 방법에만 골몰하는 사람들에게 일침이 되는 글이다.

질문을 좋아하는 사람
還我小傳

옛사람이 스승을 임금과 아버지와 대등하게 높인 것은 까닭이 있었다. 뜻만 크고 행동이 따라주지 못하거나 융통성 없이 고집만 센 선비는 공자께서 생각하셨던 바인데, 후세에 그에 근접한 자가 있어도 잘 성취시켜 줄 사람이 없으니 슬프도다. 내가 보기에는 신생申生이 바로 그러한 사람이다.

신생은 이름이 의측矣測이요, 자는 하사何思이며, 또 다른 자는 환아還我이다. 어려서는 의기意氣를 믿고 공부를 하지 않았으나 장성한 뒤에는 태도를 바꾸어 글을 읽었다. 성품이 묻기를 좋아하였는데, 물었는데 상대가 대답하지 못하거나 대답을 해도 제대로 하지 못하면 곧바로 다른 스승을 찾아갔다. 내가 처음 그를 만났을 때 그가 들고 다니는 책을 보니 별다른 책이 아니라 모두 평소에 익숙히 보던 책이었다. 그러나 그가 질문했을 때는 모두 처음 보는 것처럼 아득하여 내가 자리를 피한 것이 여러 번이었다. 오랜 시간이 지난 뒤에 그를 살펴보니 무얼 하든지 반드시 첫째가 되려는 데 뜻을 두었다.

의측은 매우 가난하여 글방 선생이 되었다. 글방 선생은 의식衣食의 도움을 받기 때문에 으레 동자들에게 비방을 받는다. 그런데 유독 의측의 학생들만은 의관을 단정히 하고 줄을 맞춰 다니며 제자의 직분을 잘 익혔으니, 의측이 근신함으로써 구차하게 돈을 취하지 않고, 늘 근엄한 모습을 지녀 그들을 감복시켰기 때문이다. 의측은 키가 크고 얼굴이 작으며 수염과 눈썹이 짙고 머리숱이 많았다. 행동거지가 질박하고 촌스럽지만 눈동자만은 맑고 순수하였다. 의측은 서법書法에 힘을 쏟아 오묘한 경지에 이르렀는데, 권세 있고 부유한 사람들이 그를 많이 초빙하였지만 모조리 사양하고 가지 않았으며, 다만 표암豹菴 강세황姜世晃과 칠탄七灘 이광려李匡呂와 교유할 뿐이었다.

신의측은 신득령申得寧이라고도 한다. 이용휴가 지은 「환아잠還我箴」의 주인공이기도 하다. 이가환 역시 그에 대해 「답신생의측서答申生矣測書」, 「신의측국화연명申矣測菊花硯銘」이라는 글을 남겼다. 또 다른 기록으로는 정약용의 「상소릉上少陵」, 강세황의 「제병題屛」이 있다. 교유한 인물로는 강세황, 이광려 등이 있었지만, 신의측의 행적에 대해서는 확인할 수 없다. 다만 신의측이 이용휴·이가환 부자와 매우 친밀한 사이였던 것만은 분명해 보인다.

그는 무엇이든지 일등이 되지 않고는 직성이 풀리지 않은 인물이었다.

평소 선비들이 익히 보던 책을 지니고 다녔지만 질문은 항상 답변하기 힘든 문제만을 물어보았다. 그는 글방에서 학생들을 가르쳐서 먹고사는 처지였다. 이상은 매우 높았지만 주어진 현실은 초라하기 짝이 없었다. 그렇다고 자존심까지 잃지는 않았기 때문에 학생들이 존경하며 따랐다. 글씨에 남다른 재주가 있었지만 유력한 인사들이 불러도 가지 않으며, 다만 마음에 맞는 친구 몇 명과 어울릴 뿐이었다. 이 짧은 글에서 신의측의 모습을 다 볼 수 있다.

스스로 저버리지 않는 길

題野沙帖

박의상朴義常 군을 나는 한번도 본 적이 없다. 그러나 신의측 군의 친구이기 때문에 나는 그가 군자일 것이라고 믿는다. 박의상의 아들은 아직 어린애다. 장래에 총명한 사람이 될지 어리석은 사람이 될지는 더욱 알 수가 없는 일이다. 그러나 박의상의 아들이기 때문에 나는 그가 반드시 성취함이 있을 것으로 믿었다.

만약 아이가 부지런히 노력한다면 마침내 성취함이 있을 것이니, 이렇게 되면 그 아비를 저버리지 않을 뿐 아니라, 신 군을 저버리지 않는 것이 되고, 신 군을 저버리지 않을 뿐 아니라, 나를 저버리지 않는 것도 된다. 그렇지 않다면 모두를 저버리는 것이 된다. 불행히 모두를 저버리는 데에 이른다면, 명목은 남을 저버린 것이지만 실제로는 자신을 저버리는 것이니, 이 사실은 또 몰라서는 안 되는 것이다.

사귀는 친구를 보면 그 사람을 알 수 있고, 친구를 믿는다면 친구가 사귀는 사람들도 신뢰할 수 있다.

박의상은 신의측과는 친구 사이였지만 박의상은 이가환과는 일면식도 없었다. 그러나 이가환은 자신의 친구인 신의측의 부탁을 받고, 박의상의 아들에 대한 글을 써 준다. 이렇게 아무 상관 없는 사람이 어린아이의 앞날을 위해 공을 들였다. 그런 사람들의 고마운 마음을 헤아려서 아이가 열심히 공부한다면 학업에 큰 성취가 있겠지만, 만약 그렇지 못한다면 그 아이를 아는 모든 사람을 실망시키는 것은 물론 자기 자신을 저버리는 일이 된다고 하였다.

아이를 가르치는 방법

題樂吹帖

아이들은 마을에 떠도는 말이나 농담은 하루도 되기 전에 깨우쳐서 평생토록 잊어버리지 않는다. 그러나 그들에게 글을 가르치면 입에 가시가 돋고 얼굴이 벌겋게 되어 대여섯 번을 반복해도 못 깨우친다. 온종일 글을 외워도 다음 날 아침에 외우게 하면 이미 내용 대부분을 잊어버려서 서당 훈장의 호된 회초리를 자주 맞게 되니 어찌 재주의 민첩하고 노둔함이 갑자기 달라져서 그렇겠는가. 선은 이루기 어렵고 악은 물들기 쉬움을 밝힌 것이다.

이러한 폐단을 구제하는 방법으로는 일찍 가르치는 것만 한 일이 없다. 일찍 가르치면 뜻이 정해지게 되고, 뜻이 안정되면 학업이 오롯하게 되고, 학업이 오롯하게 되면 배움에 성취함이 있게 된다. 배움에 성취함이 있으면 지난날 어려웠던 것이 도리어 쉽게 되고, 쉬웠던 것이 도리어 어렵게 되니, 타고난 자질이 좋아서가 아니라 습관이 그렇게 만드는 것이다. 『예기』에 이르기를 "발생하기 전에 막는 것을 예방이라고 하고, 딱 맞는 시점에 하는 것을 때라고 한다. 발생한 뒤에 막으려

하면 거부하여 받아들이지 않고, 때가 지난 뒤에 배우려 하면 많은 노력을 기울여도 이루기가 어렵다."라고 한 것은 이것을 이른 말이다.

박의상 군이 자식을 두었는데 일찌감치 가르치는 것이 좋다는 것을 알았고, 신의측 군은 또 이 글을 써서 그 단서를 열어 주었다. 모두가 『예기』의 뜻에 깊이 들어맞으니, 그것이 『소학』에서 하는 일이라고 여겨서 소홀히 여겨서는 안 된다.

신의측은 박의상의 아들을 위해 『낙취첩』을 만들어 주었고, 이가환은 여기에다 글을 써 주었다. 『낙취첩』이 현존하지 않아 그 내용은 확인할 길이 없지만, 아동교육에 대한 책으로 추정된다.

나쁜 습관은 금세 몸에 자리 잡고 좋은 습관은 익숙해지기 어렵다. 어린아이를 가르치는 가장 효과적인 방법은 어렸을 때 좋은 습관을 몸에 익히게 하는 것이다. 사람의 성패는 훌륭한 자질을 타고났는가도 중요하지만 어떤 습관을 지니고 있는지가 더 중요하다.

짐승이 사는 집
禽獸居記

내가 김화 땅에서 귀양살이하게 되면서 두어 칸짜리 집을 빌렸다. 거기에서 독서를 하다가 맹자가 진상陳相에게 고하는 대목에서 저절로 탄식이 터져 나왔다.

심하구나. 옛사람을 따라잡을 수 없음이여! '배불리 먹고 따뜻하게 입고 편히 지내면서도 가르침을 받지 않는다면 짐승에 가깝다.'*라고 하였으니, 이것은 그래도 짐승보다는 나은 점이 있는 것이다. 하지만 지금 나는 쫓겨나서 집을 떠나 입을 것이나 먹을 것도 넉넉지 않은 상황이므로 배불리 먹고 따뜻하게 입고 편히 살았던 때와는 다르다.

옛날 성인들의 글을 읽기도 했고 지금의 군자에게 가르침을 받는 일이 많은데도 오히려 짐승만도 못하니, 하물며 짐승에 가깝다 말할 수 있겠는가. 개가 똥을 먹으면 사람들은 더럽다고 여기지만, 개가 똥을 먹을 것으로 여기는 것이야 의리에 무슨 해로움이 있겠는가. 나는 간혹 의롭지 않은 것인데도 진수

* 『맹자』 「등문공 상滕文公上」에 나온 말로, 유배객 처지인 자신을 짐승보다도 못하다고 하여 지독한 자괴심을 드러낸 것이다.

성찬을 먹은 적이 있었으니 이것은 개가 똥을 먹는 것만도 못했다. 돼지는 음란하지만 그것이 잘못된 줄을 스스로 알지 못한다. 그런데 지금 나는 부끄러운 짓인 줄 알면서도 늘 미인을 보면 마음이 흔들리는 것을 면치 못하니, 돼지가 잘못된 것인 줄 모르는 것만도 못한 일이다. 아! 음식과 여색은 일부분을 든 것이니 한마디 말과 한마디 행동에 미루어 간다면 그렇지 않은 것이 없다. 옛날에 가르침이 없어서 짐승에 가까운 사람을 성인이 오히려 또 근심하셨는데, 만일 가르침을 받고도 짐승만도 못한 사람을 보게 된다면 어떠하겠는가. 아! 부끄러워할 만하고 두려워할 만하다.

김화 유배 시절에 지은 글이다. '짐승이 사는 집'이라는 강렬한 제목이 눈길을 끈다. 자신이 거처하는 집에 대한 이름치고는 흔치 않은 이름이다. 이가환은 자신이 의롭지 않게 주어진 좋은 음식을 먹고 아름다운 여성에게 본능적으로 마음이 끌리는 것을 두고 짐승과도 다를 바 없는 것이라고 하였다. 유배객이란 신분을 고려해 보면 자신의 처지에 대한 자학과 모멸감도 깔렸기는 하지만, 좀 더 자신을 경계하고 단속하려는 의지도 함께 엿보인다.

소나기가 쏟아진 뒤

雨驟至

비 그치고 바람도 잠잠해지니　雨收風亦息
저물녘의 뜰 빛이 쓸쓸하구나　庭色晩凄凄
놀랍도록 급하게 몰아치더니　共訝來時急
언제 그랬냐는 듯 그새 개었네　俄驚捲處齊
끊어진 구름은 혹 말과도 같고　斷雲或如馬
해질 때는 다시금 닭소리 듣네　落日更聞鷄
노인이 불어난 물 구경하려고　老子要觀漲
아이더러 지팡이 달라고 하네　呼僮覓杖藜

김화 유배 시절에 지은 시로 추정된다. 이 당시 일상적인 풍경을 그린 시들을 많이 지었다. 소나기가 한바탕 쏟아진 뒤 언제 그랬냐 싶게 바람도 잠잠해졌다. 소나기가 지난 자리는 무언가 모든 것이 바뀐 것 마냥 달라져 있다. 소나기가 내릴 때는 언제 그칠지 짐작하기 어렵지만, 아무렇지도 않게 개인다. 이처럼 자신에게 온 시련도 금세 지나가기길 바라는 마음도 함께 담았다.

제3장

이별 앞에서

정조 대의 대표적인 학자이자 문인이었던 이가환은 여러 인물과 교유를 맺었다. 사대부로부터 여항인, 경세가로부터 화가에 이르기까지 매우 다양하였다. 다방면의 인사와 교분이 두터웠던 선친 이용휴의 영향이 적잖아 보인다. 예기치 않던 만남이 때로는 나를 전혀 다른 나로 만들어 준다.

관서 지방을 여행한 허만

許勝菴關西錄跋

승암勝菴 허만은 연로하여 다리 힘이 약하고, 집안이 가난하여 하인과 말, 여비도 없었다. 게다가 장마가 져서 봄부터 여름이 지나도록 해를 볼 수 있는 날이 열흘에 사흘 정도였고, 전염병이 유행하여 친족들이 달아나 흩어지기까지 했다. 이 몇 가지 중의 하나만 해당되어도 유람하는 데 지장이 있을 것인데, 승암은 정처 없이 집을 나섰으므로 사람들이 모두 그를 비웃었다. 마침내 대동강을 건너 묘향산에 오르고 관서 지방의 경치 좋은 곳을 다 보고 나서야 돌아왔으니, 여정이 천여 리이고 지은 시가 백여 편이었다.

천불산千佛山은 매우 기이하고 장엄하며 내가 사는 곳에서 걸음을 셀 정도로 거리가 가까웠다. 매번 날짜를 정하고 친구들과 약속하여 가려다가 번번이 어긋나 지금까지 보지 못하였다. 아! 모든 일이 다 그러하니 어찌 유람하는 일뿐이겠는가.

허만許晩, 1732~1805은 자가 여기汝器이고, 호는 승암勝菴이다. 허휘許彙의 아들이며, 이가환의 매형이다. 허성許筬의 『양천세고陽川世稿』에 자지명自誌銘과 8편의 시가 남아 있다. 이용휴는 사위를 위해 「승암허군생지명勝庵許君生誌銘」과 「제허성보동유록발題許成甫東遊錄跋」 등을 남겼고, 이가환도 허만에 대해 여러 편의 글을 남겼다.

허만은 여행을 다닐 만한 형편이 못 되었다. 하지만 이것저것 재지 않고 훌쩍 여행을 떠났다. 사람들은 그런 그를 현실 감각이 없다는 이유로 비웃었다. 천불산은 강원도 철원군 근남면 양지리에 위치한 산이다. 『여지도서輿地圖書』에 "천불산은 현 동쪽 10리에 있는데 불정산佛頂山에서 이어진 줄기로 기이한 암석이 하나하나가 불상과 같아서 이름을 지었다."라고 기록되어 있다.

때로는 여행뿐만이 아니라 일상과 모든 일에서도 격식을 허무는 자유로움이 필요한 법이다. 나중에 떠나려 한다면 영원히 한 발자국도 떠날 수 없다.

둘도 없는 여행가 정란

鄭滄海倚樹像贊

그가 집을 나설 때는 마침 그런 듯　其出適然
봄 하늘에 떠 있는 구름과 같고　如春空雲
돌아와 쉴 땐 아무 관심 없는 듯　其息漠然
버려진 수레바퀴와 같도다　如廢車輪
아득하게 두 눈동자가　茫茫兩眸
곧바로 고요한 하늘을 향했으니　直向寥天
알겠도다, 고요한 하늘 끝에　寥天之末
가을 산이 있다는 것을　知有秋山

정란鄭瀾, 1725~1791은 본관이 동래東萊, 자는 유관幼觀, 호는 창해滄海이다. 영남의 단성현丹城縣에 살았으나, 안산의 문인들과 교류가 많았다. 특히 이용휴와 교류가 많았던 듯하다. 이용휴는 그에 대해 「송정일사입해유한라산送鄭逸士入海遊漢拏山」, 「제정일사산행도題鄭逸士山行圖」, 「송정일사유동북명산서送鄭逸士遊東北名山序」, 「제정일사유백산록후題鄭逸士遊白山錄後」 등의 글을 남겨 그를 기억했으며, 정란의 아들인 정기동鄭箕東을 위해 묘지명을 지어 주기도 하였다. 다른 문인들의 기록으로는 강이천의 「기창해옹유산사記滄海翁遊山事」와 성대중의 「서창해일사화첩후書滄海逸士畫帖後」 등 몇 편이 남아 있다. 정란의 시문은 『대동시선大東詩選』에 3수와 김홍도가 그려 준 「단원도檀園圖」의 제화시를 포함 4편이 전해진다. 『동래정씨창원공파보東萊鄭氏昌原公派譜』에는 『유고집遺稿集』, 『유산기遊山記』, 『불후첩不朽帖』 등이 집안 대대로 내려온다는 기록이 있으나, 지금은 찾아볼 수 없다.

그는 백두산에서 한라산까지, 대동강에서 금강산까지 다니지 않은 곳이 없을 정도로 유명한 여행가였다. 한마디로 떠나지 않으면 몸이 근질근질한 사람이었다. 또 시인이며 미술에도 조예가 깊어 여러 문인과 화가와도 교류가 깊었다.

정란은 집을 나서면 봄 하늘의 구름처럼 쉴 새 없이 떠돌아다녔지만, 집에 들어앉아 있으면 버려진 수레바퀴처럼 아무짝에도 쓸모없는 무기력한 사람이었다. 나무에 기대 멍하니 있는 것처럼 보이지만 두 눈동자만은 유명한 산천을 더듬고 있다. 몇 줄 안 되는 글에 여행가 정란의 모습이 오롯이 보인다.

정란을 그린 작은 그림
鄭滄海小像贊

일곱 자의 몸뚱이 작게 하여서	約七尺軀
손가락만큼 작게 만들었으니	使一指小
오관은 부끄러워하며 움츠렸지만	恧蹙五官
모두 알아볼 수가 있도다	而悉可了
기묘하고 진귀한 모습 가운데	奇幻之中
아주 작은 부분도 구별되도다	尺寸犁然
청컨대 이러한 뜻을 알아서	請識此意
이로써 유관을 보듯이 하길	以觀幼觀

정란을 그린 그림에 쓴 찬사贊辭로, 누가 그렸는지는 알 수 없다. 손가락만큼 아주 작은 크기로 정교하게 그렸다. 그렇다고 작은 그림에 그의 진면목을 다 담기에는 부족할 것이니, 엄청난 포부는 미루어 짐작해야 한다. 그는 조선의 온 천지를 안방처럼 누볐으니 조선의 서홍조徐弘祖 명나라 말기 지리학자라고 해도 과언은 아니다.

아버지의 편지

李護軍家所藏詩文跋

우리 선친께서는 문장으로 당대에 큰 명망이 있었다. 그래서 사방의 인사들이 분주히 찾아와 한마디 말을 구해 그 선조를 빛나게 하려는 자들이 매우 많았다. 나중에 내가 아버님의 유집遺集을 받들어 읽어도 중년 이전에 논하거나 기술한 분은 누구인 줄 몰랐다. 예를 들어 「이효자소전李孝子小傳」과 이 효자를 위해 지은 절구 3수와 발문 1편 같은 것은 문장을 살펴보고 그 이름과 성을 알았을 뿐이고, 효자의 자손이 어느 곳에 살고 있는지는 끝내 알 수 없었다.

수년 전에 비로소 이학조李學祖 군을 사귀면서 그가 효자의 증손이라는 사실을 알았다. 1792년정조 16 가을에 개성 유수로 부임하여 학조의 큰아버지인 민慜을 만났을 때 「이효자소전」과 절구와 발문의 원본을 직접 보게 되었다. 세월이 오래되었는데도 종이와 먹 자국이 오히려 새것과 같았으므로 만지면서 감탄을 그칠 수가 없었다. 민이 또 두 통의 편지를 꺼내 보였는데, 하나는 1746년영조 22 2월에 부친 것이고, 또 다른 하나는 그해 8월에 부친 것이었다. 8월에 부친 편지에서 "아이가 천연두를 앓고 있어 걱정이 많다."라고 하였으니, 바로 나를 두고 한 말씀이었다. 나는 머리가 이미 허옇게 세었지만 천연두 흔적이 여전히 남아 있으니, 부모님이 길러 주신 은혜를 생각하면 눈물이 흐른다.

아! 효자의 가문에서 선친께서 생전에 남긴 글을 잘 간직하여 혹시라도 잃어버리는 불상사가 없었다. 그 근후한 뜻으로 보건대, 내가 여기 와서 볼 줄을 알고 정중하고 정성스럽게 보관해 온 것이 아니겠는가. 아! 그 또한 감동스런 일이다.

이용휴는 18세기 문단을 대표하는 인물로, 당대와 후대의 문인들에게 많은 영향을 끼쳤다. 그는 남인 문사들로부터 여항 문인들까지 다양한 인물들과 교유했다. 그뿐 아니라 화가, 여행가, 의원 등 각계각층의 인사들과 두터운 교분이 있었다. 사람들은 그의 글을 얻는 것을 적잖은 영광으로 여겼다.

이가환은 선친의 문집을 보다가 이 효자에 대한 몇 편의 글을 보게 되었다. 그렇지만 이 효자와 그 후손들이 어떤 사람이고 어디에 사는지 알 방법이 없었다. 몇 해가 지나서야 우연히 효자의 증손인 이학조를 만나게 되고, 그 인연으로 이학조의 큰아버지인 이민을 만나 아버지 문집에서 보았던 글의 원본을 직접 보게 된다. 우연치고는 기이한 일이 아닐 수 없다. 거기까지만 해도 놀라기에 충분한데, 이민은 두 통의 편지를 더 꺼내 온다. 편지 중 한 통에는 이용휴가 어린 아들이 천연두에 걸려 걱정하는 내용이 담겨 있었다. 마치 생전의 아버지를 보는 것처럼 반가운 마음을 금할 길 없었으리라. 이제 자신도 나이를 먹어 머리카락이 희끗희끗해졌지만, 어릴 적 앓았던 천연두의 흔적이 고스란히 남아 있는 것처럼 부모님을 향한 그리움과 고마움 역시 그대로 남아 눈물이 흐를 뿐이었다.

유배객과 지방관

奉送金化李使君還師敍

내가 묘향산의 경치가 뛰어나다는 말을 듣고 나서는 늘 한번 유람하고 싶었다. 1786년정조 10에 정주의 수령으로 나가게 되었는데, 한번은 일 때문에 영변寧邊에 갔다가 묘향산을 바라보았다. 그러나 일정이 정해져 있어 훗날을 기약했는데 마침 파직하고 돌아오게 되어 가 볼 수 없었다. 돌아와 의금부의 조사를 받았는데, 의금부 관원이 논죄하여 김화에 유배되었다.

현감 이 공李公 이만운도 늘 한번 만나 보고 싶은 사람이었다. 그래서 매우 기쁘기는 했지만 죄진 사람이라 관부官府에 가 볼 수 없었고, 또 만나 주지 않을까 두렵기도 했다. 그런데 공이 자주 나를 찾아 주었다. 들어 보니 논의가 정밀하고 해박하였고, 국조國朝의 전장典章을 꿰뚫어서 막힘이 없었으며, 아래로는 이름난 정승과 명철한 상신相臣의 생졸生卒과 관직 임명에 이르기까지 연월을 구체적으로 진술하는 것이 늘어놓고 보는 것처럼 분명하였다. 그 덕분에 오랫동안 벼슬에 있다가 한가로운 곳으로 유배되고 또 박식하고 고상한 군자를 얻어 의지하게 된 것을 다행으로 여겼다. 날마다 듣지 못하던 일을 들을 수 있을 것으로 생각했는데, 얼마 안 되어 공도 파직되었으니, 그 기대는 불가능해지고 말았다. 유배 중이라 책이 없어 공에게서 『삼국사기』를 빌렸는데, 끝까지 읽어 보고 싶은 책이었다. 날마다 베끼는 것을 낙으로 삼았으나 겨우 몇 장밖에 베끼지 못했는데 공에게 책을 돌려주게 되니 끝까지 읽을 수도 없게 되었다.

아! 하나의 산을 보았고 한 명의 사람을 사귀고 한 권의 책을 읽는 것도 오히려 그러한데, 천하의 이름난 산을 다 보고 천하의 좋은 사람을 다 사귀며, 천하의 기이한 책을 다 읽으려고 한들 과연 실현될 수가 있겠는가.

정주 목사로 있을 때 묘향산을 보고 싶어 했으나 일정이 빠듯해 보지 못하다가 이내 파직되어 꿈을 이루지 못했다. 김화에 유배되어서는 평소 명성을 익히 들었던 김화 현감 이만운李萬運을 만나 보고자 하였으나 죄인의 신분이라 직접 찾아가지 못하였다. 그러던 중 이만운이 먼저 찾아와 만나 보니 듣던 대로 매우 박식한 인물이었다. 낯선 유배지에서 말이 통하는 사람을 만난 것만으로도 적잖게 위로가 되었던 모양이다. 금세 책을 빌려 볼 정도로 사이가 가까워졌지만 얼마 있지 않아 이만운 역시 파직되어 돌아가게 되자 더는 마음 붙일 곳이 없어졌다. 먼저 묘향산을 보지 못했던 안타까움을 말하였고, 다음으로 그에게서 빌렸던 책을 다 보지 못하고 돌려주는 아쉬움을 말하였다. 이어서 한 사람을 충분히 사귈 수 없는 씁쓸함을 담아 아쉬운 석별의 마음을 표현하였다.

송재도에게

酬宋芝溪

명고의 손님에게 감사의 시 부치니　　寄謝鳴皐客
바빠서 작별 인사 하지 못했네　　嚴程失就別
그리움을 붙일 만한 물건 없어서　　相思無長物
먼 하늘의 달빛만 보내어 주네　　聊贈遠天月

송재도宋載道는 자가 덕문德文이고 호는 지계芝溪이다. 이가환이 그에 대한 시를 5편이나 남겼는데, 서로 각별했던 것으로 보인다. 특히 「곡송지계哭宋芝溪」는 장시長詩로 구성하여 그에 대한 깊은 정을 드러냈다. 송재도는 여러 사람과 함께 자각시사紫閣詩社를 열기도 했다. 홍양호의 『이계집』에 「지계집서芝溪集序」가 남아 있으나 문집은 아직 발견되지 않았다.

작별 인사도 나누지 못하고 보내 못내 마음이 찜찜하다. 지금 내가 보고 있는 이 달빛을 그대도 보고 있겠지. 이렇게나마 함께 달빛을 보면서 서로를 그리워하는 생각을 나누고 싶어 했다.

벗 이덕무를 보내며

李積城輓

해마다 옛 친구들 많이도 잃었는데	頻年哭得故人多
청장관을 잃게 되니 이 일을 어찌하랴	哭到青莊奈爾何
천하의 으뜸가는 인물 이젠 죽었으니	天下奇才今寂寞
백아의 유수곡*을 알아줄 이 없겠구나	曲中流水已蹉跎
천록각엔 단려화만 부질없이 남아 있고*	空餘漢閣丹藜火
사립문에 백설가*를 부를 사람 다시 없네	無復荊門白雪歌
누가 알 리 있으랴 판교의 봄풀 속에	誰識版橋春艸裏
삼창과 이유*가 빽빽이 늘어선 줄	三蒼二酉正森羅

* 유수곡은 춘추 시대 백아伯牙가 탔던 곡조이다. 백아가 거문고를 타면 그의 벗 종자기鍾子期는 그 소리뿐 아니라 백아의 마음속 생각까지도 알아맞힐 정도로 둘 사이는 막역하였다. 그러다 종자기가 먼저 세상을 뜨자 백아는 절망한 나머지 더는 거문고를 연주하지 않았다. 백아와 종자기의 고사에 빗대, 이덕무가 그에게 어떤 존재였는지를 드러낸 것이다.
* 천록각은 한漢나라 때 궁중의 서적을 보관해 둔 전각 이름이다. 당시 검서관으로 활동한 이덕무가 서적을 교열하는 장소는 남아 있지만 그는 세상을 떠나 여기 없다는 뜻이다.
* 백설가는 초楚나라의 가곡이다. 남이 따라 부르기 어려운 고상한 가곡으로 유명하다.
* 삼창은 한나라 때 편찬된 사전이다. 이유는 중국의 대유大酉·소유小酉의 두 산으로, 이곳에 수천 권의 책이 있었다는 고사로 인해 장서각을 뜻하는 말이 되었다.

1793년 정조 17 에 이덕무李德懋가 죽었으니, 이 시는 그 이후에 지어진 것으로 보인다. 이덕무를 잃은 슬픔이 문면에 가득하다. 두 사람이 어느 시기에 어떠한 계기로 교분을 쌓았는지는 분명치 않다. 다만 이덕무의 『청비록淸脾錄』에 이가환의 시에 대한 간단한 평이 남아 있을 뿐이다.

조진도 만시

趙先達挽

임금 은혜 말하려니 눈물 먼저 흐르네 君恩欲說淚先垂
조금만 더 살았다면 은택 볼 수 있었을 터 無事*須臾可見之
황천길에서 돌아보심 늦었다고 한탄 말라 泉路莫嗟回照晚
옛날부터 태양 빛이 비추는 건 더뎠으니 由來化日儘遲遲

* 원문에는 '事'로 되어 있으나, '死'의 오자로 보인다.

조선달은 조진도趙進道, 1724~1788를 가리킨다. 자가 성여聖與, 호는 마암磨巖이다. 1759년영조 35 증광별시에 합격하였으나, 지평持平 이윤욱李允郁이 조부 조덕린趙德隣의 관작이 박탈된 상태에서 손자가 과거에 응시한 것이 부당하다며 삭과削科를 청하였다. 이에 김상로와 홍계희가 주청하여 홍패를 거두어 갔다. 뒤늦게 복과復科 처분이 내려졌으나, 그가 죽은 지 이미 여섯 달 지나서였다. 이가환은 그가 조금만 더 살아 있었으면 은혜로운 처분이 내려지는 것을 볼 수 있었을 것이라며 안타까워하면서도, 지하에서 한탄하지는 말라고 당부하였다.

순옥이 온 것을 기뻐하며
喜純玉到

중순에 네가 온단 말을 듣고는	聞汝中旬至
초순부터 문에 기대 기다렸었지	初旬便倚門
산이 적적한 것만 걱정했더니	直愁山寂寂
비마저 자욱하게 내리는구나	兼對雨昏昏
안색에서 오랜 이별 엿보게 되고	間闊徵顏色
대화에서 힘든 형편 알 수 있구나	艱難在笑言
어이 견디리오! 맑은 밤 달이	那堪淸夜月
이미 빈 술잔에 비치는 것을	已自照空樽

순옥은 이가환의 조카인 허질許瓆, 1755~1791의 자이다. 이가환과 사이가 매우 각별하였는데, 이 시에서는 조카를 맞이하는 심정을 솔직하게 표현하고 있다. 반가운 마음이 클수록 헤어질 때의 아쉬움도 큰 법이다. 「순옥과 이별하며 別純玉」에서는 "6월의 화강 골짜기에는 쓸쓸한 바람이 초가을과 같네."라고 하여, 여름 날씨가 가을처럼 느껴진다고 하여 조카와 헤어진 뒤의 적적한 마음을 드러낸 바 있다.

요절한 아이의 무덤

辛亥秋八月 以檢田行過漆谷 省視兩殤葬 歲月滋久 榛莽翳然 愴然有述

네 뼈는 황토로 변하였는데	汝骨已黃土
나는 아직 이렇게 살아 있구나	吾生尙至今
웃고 울던 모습 아직 눈에 선하니	笑啼還在眼
초목도 모두 다 상심하는 듯	艸木盡傷心
땅속에는 슬픔 기쁨 없을 터인데	地下悲歡絶
세상에선 오랜 세월 흘러갔구나	人間歲月深
오나라 계자에게 부끄러우니*	遠慙吳季子
초탈하여 명성을 남겼기 때문	脫略有英音

* 계자는 춘추 시대 오吳나라 공자公子 계찰季札의 호인 연릉 계자延陵季子의 약칭이다. 부왕父王인 수몽壽夢이 그에게 왕위를 전해 주려 했으나 사양하고 여러 나라를 관광하였다. 이때 데리고 갔던 맏아들이 죽자 제齊나라의 영읍嬴邑과 박읍博邑의 중간에 무덤을 썼다 한다. 이가환이 계찰처럼 자식의 죽음에 초탈하지 못하고 이렇게 무덤을 찾아왔다는 뜻으로 인용한 것이다.

1791년정조 15 그의 나이 쉰 살 때에 지은 작품이다. 이때 제사 문제로 야기된 윤지충尹持忠의 진산珍山 사건으로 천주교도들이 비난을 받자 이가환은 남인 신서파信西派의 우두머리로 지목되어 광주 부윤으로 좌천되었다. 이가환은 슬하에 1남 2녀가 있었다. 큰딸은 권시의 후손인 권구에게 시집갔고, 작은딸은 이기양의 아들 이방억에게 시집갔다. 그리고 육촌형 구환九煥의 아들 재적載績을 양자로 삼았다. 이 시의 주인공인 두 명의 요절한 자식에 대한 기록은 남아 있지 않다. 자신만 기억하는 이 슬픈 죽음을 시로 남겼다.

채제공 만시

樊巖蔡相國輓詞

미동 않는 산과 같이 북두칠성 자루 같이	高山不動斗垂杓
홀로 국운 유지하려 분골쇄신 노력했네	一髮千勻任骨銷
남은 한은 위급할 때 부지할 수 없음이요	遺恨扶持危急日
남은 생애 임금님의 조정에 보답했네	餘年報答聖明朝
문장과 훈업이야 길이 환히 빛날 터지만	文章勳業長輝暎
조정과 강호 모두 적막하게 되었구나	廊廟江湖兩寂寥
개인적인 슬픔으로 곡을 해도 소용없어	欲哭吾私渾□事
흰머리로 푸른 하늘 쳐다보며 눈물짓네	白頭霑灑望青霄

이가환은 「봉화번암채상공어제갱운奉和樊巖蔡相公御製賡韻」에서 정조가 사도세자에게 위해를 가했던 강경 세력을 굴복시키고 채제공을 정승으로 임명한 사실을 매우 의미심장하게 적고 있다. 1799년정조 23 그가 그렇게 따랐던 채제공이 세상을 떠났다. 자신을 알아주던 채제공의 죽음은 이가환에게 적잖은 충격이었다. 이가환의 든든한 후견이었던 채제공과 그를 변호해 주던 정조의 잇따른 죽음은 그의 반

대파였던 벽파에게 이가환을 제거하기 위한 더없이 좋은 기회가 되었다. 이가환은 결국 정조가 승하한 이듬해 벽파가 벌인 신유박해에 연루되어 1801년 2월 9일 이승훈, 정약용 등과 하옥되었고, 그달 24일 단식 끝에 절명하였다.

제4장

백성을 위한 나라

이가환은 첨예한 정치적 상황에서 활동했던 인물이다. 여러 번의 정치적인 좌절과 유배 경험은 그로 하여금 더욱 백성들의 삶에 가깝게 만들었다. 현실의 부조리와 삶의 모순에 대해 모른 척하지 않았으며, 현실의 세태를 통렬하게 지적하고 꾸짖었다.

버려진 서북 사람들

定州進士題名案序

국가에서는 자子·오午·묘卯·유酉가 들어간 해를 식년式年으로 삼아 그 해에 시부詩賦, 삼경의三經義, 사서의문四書疑問을 통해 선비 200명을 선발하는데, 이들을 진사進士라고 한다. 이조에서 그중에 우수한 자를 선발하여 관직에 등용한다. 매번 진사시가 끝나면 임금께서 대궐에 임석하여 합격자를 발표하는데, 200명의 사람들이 모두 대궐 뜰에 들어가 머리를 수그리고 있다가 호명을 듣고는 교지를 받아서 품에 앉고 종종걸음으로 나온다. 대개 기러기 행렬처럼 나아갔다가 물고기를 꿴 듯이 물러나는데, 여기까지는 아무런 차별이 없다.

그렇지만 대궐문을 나온 뒤에는 서울이나 서울 부근에 사는 사람들은 대부분 차례로 관리에 임용되어 벼슬이 현령이나 목사에 이르게 된다. 그리하여 산뜻한 옷을 입고 좋은 말을 타고 평생 명예와 부를 누린다. 반면 먼 지방 사람들은 즉시 행장을 꾸려 고향으로 돌아가게 된다. 난삼襴衫 유생, 생원, 진사 등이 입던 예복 한 벌을 입고 연건軟巾 소과에 급제한 사람이 백패白牌를 받을 때에 쓰던 모자 하나를 쓰고 돌아와 부모님을 뵙고 무덤에 성묘한 다음 친지를 쭉 찾아뵙는다. 일가 사람들은 기뻐 웃고 마을 사람들은 목을 빼고 구경하지만 열흘이면 끝난다. 비록 재능이 출중하더라도 모두 포의布衣로 지내다가 산골짜기에서 생을 마치게 되니 슬픈 일이다.

성상께서 즉위한 지 10년이 되던 해에 나는 정주定州의 수령으로 부임하였다. 고을에 진사제명안進士題名案이 있어서 가져다가 살펴보니 경태景泰 경오년1450부터 현재까지 이름을 올린 사람이 약간 명이고, 그중 벼슬에 임용된 사람은 극소수에 불과하였다.

아! 하늘이 이들의 벼슬을 제한하였던 것인가. 그렇다면 어찌하여 그런 재주를 주어서 이름을 얻게 했겠는가. 나라가 임용을 막고자 한 것인가. 그러나 법령을 살펴보아도 그런 조항은 찾을 수 없다. 게다가 성상께서 관원의 인사를 할 때마다 서북 사람들을 거두어 쓰라는 당부를 매우 간절하게 내리곤 하셨다.

그러므로 내가 이 책策을 드러냄으로써 하늘은 사사로움이 없고 국가도 사사로움이 없으니 전관銓官들은 마땅히 두려워해야 한다는 것을 알려주고자 한다. 고을에 임용된 사람 몇몇은 모두는 백 년가량 이전에 있었고, 지금은 완전히 끊겨 버렸다. 그러므로 내가 또 드러내어 세상의 풍습이 잘못되어 가는 것이 갈수록 심하다는 것을 보여 주려 한다.

서북 지방은 평안도를 뜻하는 관서關西와 함경도를 뜻하는 관북關北을 말한다. 예전부터 서북 사람들에 대한 차별이 있었는데, 16세기 이후부터 서북인에 대한 차별이 더욱 심해졌다. 그 결과 19세기 초 '홍경래난'이 일어나기도 했다. 이중환의 『택리지』에는 이러한 정황이 잘 나타나 있다.

평안도와 함경도 두 도에는 300년 이래로 높은 벼슬을 한 사람이 없다. 혹 과거에 급제한 자가 있더라도 현령에 불과했다. …… 또 나라의 풍속이 문벌을 중히 여겨 한양 사대부는 서북인과 혼인하거나 대등하게 사귀지 않았고, 서북인도 감히 사대부와 더불어 대등한 교제를 하지 못하였다. 그리하여 서북 양도에는 드디어 사대부가 없게 되었다.

이가환은 진사시 합격자 명단을 기록한 진사제명안을 통해 서북 출신 차별에 대한 모순을 꾸짖었다. 서북인들은 과거에 응시할 기회는 있었지만 임용은 되지 않았다. 서울 출신들이 급제하면 차례차례 관리에 임용되는 것과는 너무나 대조적이었다. 이 모든 일이 각 개인의 인품과 재능과는 아무런 관계가 없고, 다만 서북 지역 출신이란 꼬리표 때문이었다. 그러니 과거를 보는 것은 자기 위안 이외에 아무런 소용이 없는 일이었다. 이리하여 그들의 분노와 좌절은 갈수록 깊어질 수밖에 없었다.

그나마 가뜩이나 좁은 땅에서 서얼이라 안 되고 서북 사람이라 안 된다 하여 배척했다. 당시에 신분과 지역은 넘을 수 없는 장벽으로 자리 잡았다. 어디 이러한 일이 예전에만 있었던 일인가.

백성들과 이별하다
贈別州民

노소老少가 달려와 갈림길서 오열하며　　髫白奔波咽路岐
일제히 '사또'라고 부르면서 우는구나　　一聲使道淚雙垂
그대들 서둘러 집으로 돌아가서　　不如趁早還家去
밭 갈고 길쌈하는 것보다 못하리라　　男力耕田女績絲

정주 목사로 있다가 김화에 유배 갈 때 지은 것으로 보인다. 유배 소식을 들은 백성들이 애나 어른이나 할 것 없이 일제히 달려 나와 눈물을 흘린다. 그는 슬피 우는 백성들을 달래며 생업에 종사하라고 다독인다. 이용휴는 유독 백성들의 삶이나 목민에 대한 시들을 많이 남겼는데, 이가환의 시에서도 이러한 성향이 공통으로 보인다.

범을 사냥하는 포수
射虎歎

산 위 올라가선 사슴을 잡고	上山須搏鹿
산 아래 내려와선 토끼를 잡네	下山須搏兎
목숨은 걱정할 겨를이 없고	性命旣無虞
반찬도 이미 모두 장만하였네	盤饌亦已具
가련토다! 범 사냥꾼이여	可憐射虎兒
어찌하여 계획을 그르쳤던가	奈何作計誤
팔뚝 걷고 덤볐다가 맹수에게 물려	奮臂當猛噬
잠깐 사이 생사를 몇 번이나 오갔나	呼吸生死屢
범을 들쳐 메고 관가로 가니	擔舁到官府
원님이 다짜고짜 화를 내면서	長官無事怒
범 가죽을 공가에 바치라 하고	虎皮責入公
아! 내 상처는 상관도 않네	我創嘻不顧
이런 작은 범은 쓸모없다 하며	云此小虎賤
나더러 큰 범을 잡아 오라 하네	令我大虎捕
작은 범은 쓸모없다 말해 놓고	小虎旣云賤
가죽을 뺏는 것은 어인 일인가	取皮則何故

큰 범을 어찌해야 만날 수 있나	大虎那可逢
상처가 거듭되면 곧 쓰러질 텐데	傷重立顚仆
빈손으로 사잇길로 돌아와서는	徒手間徒走
집에 들어가자니 처자식에게 부끄럽네	入室羞婦孺
가난한 이웃들은 쌀 꾸러 오고	貧鄰乞米來
잘사는 이웃들은 술 들고 모여드네	富鄰携酒聚
모두 편안히 앉으라 하고	且請皆安坐
길게 탄식하자니 해가 저무네	長嘆山日暮

범은 아주 심각한 골칫거리였다. 그렇지만 관에서는 손을 놓고 대책을 마련하지 않았다. 조정에서는 고을에 명령을 내려 범을 잡지 못할 때는 속포贖布를 내도록 했지만, 근본적인 해결책이 되지 못했다. 때로는 범보다 관이 더 큰 환란이 되기도 했다. 이익의 『성호사설』에는 "간혹 백성이 범을 잡으면 반드시 호피는 관에서 빼앗고, 상금은 수고의 대가가 될 만하지 못하니 누가 목숨을 내걸고 범을 잡으려 하겠는가." 하였다.

위의 시에는 이러한 정황이 그대로 나온다. 목숨을 걸고 상처투성이 된 몸으로 범을 잡아가면 위로의 말을 전하기는커녕 도리어 범의 크기가 작다고 타박하기 일쑤다. 그러고는 작은 범이라 쓸모없다 했던 것을 관에서 빼앗아 버린다. 아무런 소득 없이 집으로 들어오니 가족을 볼 면목도 없다. 그래도 위로가 되는 사람은 자신과 처지가 비슷한 이웃 사람들뿐이다. 호랑이 사냥꾼의 모습을 통해 관으로부터 수탈당하는 백성의 억울한 심정과 부패한 관리들의 모습을 담았다.

원님에게 게 선물을 받고서

謝歙谷丁使君餉湖蟹

게는 멀리 떨어진 고을에서 잡히는데	湖蟹生遐遠
맛이 좋아 이름이 널리 퍼졌네	名因美味傳
옆걸음질 치며 걷던 진흙 개펄 떠나	泥塗辭郭索
수저에 동글동글 놓여 있구나	匕箸落團圓
관청에 바치는 건 당연하지만	不怪官廚供
나그네가 먹는 건 놀랄 만하네	眞驚旅食前
바다에서 잡는 노고 상상해 보니	滄波想撈漉
배불리 먹었어도 서글퍼지네	旣飽亦悽然

정재운丁載運에게서 게를 선물 받고 감사의 마음을 담아 지은 시이다. 정재운은 본관이 나주, 자가 영회永會, 호는 치와癡窩로 정약용의 숙부이다. 이가환은 정재운이 흡곡 현령으로 부임할 때에 「송정사군경행지임흡곡送丁使君景行之任歙谷」을 남기기도 하였다.

1787년정조 11 정재운은 강원도 흡곡 현령으로 부임하였고, 이가환은 김화에 유배되어 있었다. 정재운이 고맙게도 게를 자신에게 보내 주었다. 바닷가 고을의 현령인 정재운은 게를 먹기 쉽겠지만, 산골에서 귀양살이하는 자신의 처지를 생각해 보면 게를 먹는다는 것이 가당치도 않다. 보내 준 정성만은 감사하지만, 이 게를 잡기 위해 고생했을 백성들을 생각하면 마냥 맛있게만 먹을 수도 없는 노릇이었다.

고기와 털을 다 바친다 해도

奉和申震澤見贈古風

장끼가 북쪽 숲에서 날아올라	文雉翔北林
바람 맞아 화려한 깃 흔들었는데	當風振華采
우연히 방탕한 아이를 만나	遭逢冶遊兒
탄환 맞고 땅으로 떨어졌다네	珠彈落璀璀
훨훨 나는 외로운 봉황새가	飄飄孤鳳凰
날개 쳐서 자해*에서 날아왔다네	擧翮從紫海
내가 너를 물고서 가려 했으나	我欲銜汝去
그물이 사방에 깔려 있구나	虞羅四面在
네가 날 따라 함께 가려 하지만	汝欲附我歸
망설이며 죄 받을까 두려워하네	躊躇而畏罪
꺾이는 건 진실로 안타깝지만	摧頹誠可閔
곧은 절개 지킨 것은 후회 않으리	耿介寧當悔
고기 바쳐 임금님 국에 쓰이니	獻肉充君羹

* 자해는 전설상의 바다 이름이다. 바닷물이 잘 익은 오딧빛이라 옷을 염색할 수 있고 그곳에 사는 어류와 초목, 돌, 모래들도 모두 자줏빛이라 한다. 소악蘇鶚, 『두양잡편杜陽雜編』.

임금님 모습 길이 늙지 않으리 年貌長不改
털을 바쳐 임금님 부채 되리니 獻毛爲君扇
하찮아도 혹시 골라 주지 않을까 菲薄倘見採

이가환은 채제공에 이어 남인계열의 지도자로 거론될 만큼 정치적 비중이 높았다. 이 시에서는 반대파들의 잇따른 모함과 비난을 받던 위태로운 상황이 잘 묘사되어 있다. 이본異本에는 제목이 「고풍수인古風酬人」으로 나온다. 꿩은 이가환 자신을, 봉황새는 임금을 의미한다. 방탕한 아이는 자신을 끊임없이 견제하는 노론 세력을, 탄환과 그물은 반대파들의 정치 공세를 우의적으로 표현하였다. 굳은 절개를 후회하지 않는다 말하였다. 마지막에 고기와 털을 바쳐 임금님 국에 쓰이고 부채로 쓰이리라는 표현은 자신의 우국과 충성에 대한 적극적인 다짐이다. 그는 정조의 총애와 신뢰를 한 몸에 받은 인물이다. 이러한 표현은 정치적 복권復權에 대한 강렬한 열망을 담은 것으로 보인다.

홍수에 잠긴 밭
檢田歎

산에서는 훌륭한 나무가 나고	山林出杞梓
못에는 물고기와 게가 나는 법	澤國饒魚蟹
그에 따라 토지에 부세 매김은	因之作任土
만세의 한결같은 본보기였네	萬世一模楷
물바다에 곡식을 세로 매기니	淸水賦嘉穀
어허 정말 이해할 수 없는 일이네	咄咄眞難解
내가 처음 화강에 도착했을 때	我初到花江
여름부터 가을까지 장마가 졌네	陰雨夏秋洒
서직이 탐스럽게 자라던 밭이	薿薿黍稷疇
아득하게 물바다로 변해 버렸네	渺渺翻渤澥
삽시간에 재앙 입어 그런 것인데	俄然受災然
급하기가 개와 닭도 놀랄 만했네	急疾鷄犬駭
채찍질은 예로부터 효험 뛰어나	菙楚故神物
여울엔 귀한 쌀이 쌓여 가도다	沙灘玉粒夥
약한 자는 소리를 삼키어 울며	弱者呑聲泣
말하려고 하다가 그만두도다	欲語且復罷

강한 자가 관아에 아뢰려	强者將訴官
이웃들이 어리석다 비웃는도다	鄰曲嗤其駭*
아까울 새 없이 팔고 전당 잡히느라	典鬻不遑惜
땔감에도 벌레만 가득하였네	蹠薪到蟲豸
물건에 비해 보면 너무 값싸서	稱物怪價輕
참담하여 차마 살 수가 없네	慘沮不忍買
괴로워 신음하는 많은 백성들	嗷嗷衆赤子
누가 그들 유모가 되어 줄 건가	誰其爲黃嬭

* 원문에는 '駭'로 되어 있으나, 의미상 '痴'의 오자로 보인다.

김화 유배 시절, 홍수로 인한 백성들의 참상과 아전들의 횡포를 그린 시이다. 처음 유배지에 도착하니 장맛비에 밭이 온통 물에 잠겨 있었다. 그런데도 관에서는 이런 사정에 아랑곳하지 않고서 부세賦稅를 징수하느라 혈안이 되었다. 백성들은 억울한 사정을 하소연하지만 받아들여지지 않자 집안의 쓸모 있는 물건을 값어치도 따질 새 없이 모두 파는 지경이었다.

평양에 남은 정전

箕田攷序

옛날 성왕聖王이 세상을 다스리던 방법으로는 홍범洪範보다 나은 것이 없었고, 정사政事 중에서는 경계를 구획하는 일보다 먼저 한 것이 없었다.* 기자箕子가 진술한 홍범은 수천 년이 지나도록 해나 별처럼 밝게 남아 있는데, 기자가 구획한 경계는 지금 그 모습을 감추어 드러나지 않는다. 그 이유는 무엇인가. 홍범은 무왕武王에게 진술하였고 경계는 멀리 떨어져 있는 작은 나라에서 구획하였기 때문이다. 그러나 주周나라가 쇠퇴하자 제후들이 모두 경계를 구획하는 일을 태만히 하였다. 맹자가 『시경』을 인용하여 말하기를 "이것으로 살펴보건대, 주나라도 조법助法을 시행하였던 것이다."라고 했으니 맹자가 수레를 타고 천하를 두루 돌아다녔으면서도 정전법井田法에 따라 경계를 구획한 것을 한 번도 보지 못하였던 것이다. 그런데 유독 평양에는 기자의 정전법에 따라 구획한 전지가 모두 남아 있다.

* "어진 정치는 반드시 토지의 경계를 바로잡는 데에서부터 시작된다."는 말에서 따왔다. 『맹자』「등문공 상滕文公上」.

아! 상商나라와 주나라의 이정彝鼎도 오히려 사람들이 보배로 여기거늘, 하물며 수천 년 뒤에 태어나서 맹자도 보지 못한 정전을 보게 되었음에랴. 그림으로 그리고 설명을 붙인 것은 한구암韓久庵*에서부터 시작되었으며, 구암의 뒤를 이어 여러 유자들이 밝힌 것이 꽤 많다. 내가 그 글들이 흩어져 있는 점을 안타깝게 여겨 뜻을 함께하는 사람들과 함께 모아서 기록하였으니, 성인을 존경하고 옛것을 좋아하기 때문만이 아니라, 제왕이 출현하면 반드시 와서 법으로 취하기를 바라서이다.

* 구암은 한백겸韓百謙, 1552~1615의 호이다. 학문이 뛰어나 정구鄭逑와 함께 교정청의 일을 주관하였으나, 정여립과의 친분 때문에 유배되었다가 임진왜란으로 사면되었다. 실학의 선구자로 고증적인 방법을 이용해 우리나라 역사와 지리를 구명하였다.

『기전고』는 기자정전箕子井田에 대한 여러 학자의 연구를 집록한 책으로, 이가환과 이의준이 공동으로 편집 간행하였다. 『기전고』에는 한백겸의 「기전도箕田圖」, 유근·허성·이익 등의 「보설補說」, 서명응의 「기자외기箕子外記」·「정전도井田圖」·「낙서위정전연원도洛書爲井田淵源圖」·「팔진위정전대위도八陣爲井田對位圖」 등이 실려 있다. 맹자도 보지 못한 정전제의 유풍을 평양에서 발견하여, 평양을 기자의 유풍이 남아 있는 고도古都로 인식하였다. 정전에 대한 여러 기록을 수집한 자료이기는 하지만, 실상은 증조부인 이익의 「기전속설箕田續說」을 드러내려는 의도가 깔린 셈이다. 토지 개혁의 한 대안으로 정전제를 제시했다고 볼 수도 있다.

매사냥을 구경함
觀放鷹

저녁 참새 뜰에서 떠들어 대고　　暮雀喧庭急
가을 거미그물을 자주 치누나　　寒蟲結網頻
구구하게 졸렬한 계책 쓰지만　　區區作計拙
모두가 살아가기 위함이라네　　箇箇營生眞
가을하늘 나르는 송골매의 깃　　俊鶻凌秋翮
하늘에 높이 떠서 먹이 노리네　　高空擇肉身
가련해라! 측면을 치는 곳에는　　可憐橫擊處
언제나 매를 풀어 놓은 자 있네　　長有解縧*人

* 원문에는 '縧'로 되어 있는데, '絛'의 오자로 보인다.

이가환은 반대파들의 잇따른 비난, 서학의 탄압 등 여러 정치적 공세에 지독하게 시달렸던 인물이다. 조그마한 의사 표현에도 득달같이 공격이 들어 왔다. 그런 이유에서인지 여러 편의 시에서 우의적인 표현을 즐겨 사용하였다. 이 시는 매사냥하는 광경을 자신의 처지에 빗대어 읊은 작품이다. 여기에서 참새는 소인들이 참소하는 것이고, 거미의 그물은 자신을 곤경에 빠트리려는 반대파의 함정으로 모두 정치적 박해를 상징한다. 반면 자신을 창공을 가르며 웅지를 펼치는 송골매에, 자신을 지지하는 정치 세력을 매사냥꾼으로 표현했다.

화강에서

花江漫興

제1수

길고 긴 인간 세상에 　莽莽人間世
내 인생은 어디로 가는 것인가 　吾生安所之
경세제민하려는 뜻 쓸쓸해져도 　蕭條經濟意
성명의 때 만난 것에 감격하도다 　感激聖明時
서쪽 변방* 고을은 바람 서리 길이 멀고 　西塞風霜遠
동쪽 관문*에서는 세월이 더디 가네 　東關歲月遲
어찌 알았으리오 늙어 가는 날에 　豈知垂老日
아직도 갈림길에서 떠돌게 될 줄 　飄泊尙臨岐

제6수

이 땅은 진실로 깊고 궁벽해 　此地眞幽絶
긴 숲이 여름에도 서늘하다네 　長林夏亦寒
산이 깊어 범 발자국 예사로 보고 　山深輕虎跡

* 서쪽 변방은 목사牧使를 지낸 정주를 가리킨다.
* 동쪽 관문은 유배지 김화를 가리킨다.

강이 멀어 물고기 반찬 중히 여기네 江遠重魚餐
풍속은 사람들에게 물어보았고 風俗從人問
흰머리는 거울 당겨 비춰 보누나 霜毛引鏡看
아름답고 조그만 상현달이 纖纖上弦月
저물녘 구름 끝에 또 걸렸도다 又在暮雲端

김화 유배 시절에 지은 시이다. 김화현은 동쪽으로는 금성현金城縣 경계까지 36리, 남쪽으로는 낭천현狼川縣 경계까지 31리, 서쪽으로는 철원부鐵原府 경계까지 30리, 북쪽으로는 평강현平康縣 경계까지 26리이다. 서울과의 거리는 2백 83리이다.

1수에서는 경세제민의 원대한 포부와 이상은 갖고 있으나, 펼치지 못하는 아쉬움을 담았다. 그래도 위안이 되는 것은 문운이 성대하던 치세를 만나 자신의 뜻을 알아주는 성군이 있는 것이었다. 어디에도 마음 붙일 곳이 없는 쓸쓸한 유배객의 심사를 잘 담았다. 6수에서는 유배지의 외진 지역적인 특성을 그렸다. 숲이 우거져 여름에도 한기가 느껴지고, 산은 깊어 호랑이 이리저리 다니며, 강에서 멀리 떨어져 있어 물고기 반찬을 보기 힘든 지경이다.

제5장

우리 시대의 문학

선대로부터 내려온 훌륭한 문학 전통은 고스란히 이가환에게 이어졌다. 무조건 새로운 시도를 할 것이 아니라 옛날의 전범을 착실히 익힐 것을 주문했다. 여항 문인들에 대해서도 관심이 많아 지속적인 교류를 맺고 그들에 대한 글을 남겼다.

옛것과 새것
雲來亭集序

지금 사람은 반드시 옛사람을 사모한다. 그러나 옛사람의 입장에서 본다면 옛사람 또한 지금 사람이지, 스스로 옛사람이라고 여긴 일은 없었다. 지금 사람이 옛사람에게 미치지 못하는 까닭은 다름이 아니라, 처음에 후배가 선배를 보고 케케묵은 말이라고 여기며 스스로 자기가 더 낫다고 여겨서이다. 바야흐로 아름다움을 사양하고 빼어난 것을 만들어 낼 때는 참으로 볼만한 것이 있지만, 그 후배는 또 후배를 선배라고 여긴다. 이렇게 해서 번갈아 가며 새로운 것을 구하지만, 오래 지나고 나서 보면 매양 선배보다 못하니, 그제야 아득하게 미칠 수가 없음을 깨닫게 된다.

작게는 서한西漢과 동한東漢의 차이가 이것이요, 당唐의 초당初唐, 성당盛唐, 중당中唐, 만당晩唐의 차이가 이것이다. 크게는 상商과 주周의 아송雅頌, 초楚와 한漢의 소부騷賦, 당唐과 송宋의 근체近體가 모두 이것이다. 옛것을 구하는 자는 반드시 이것을 안 뒤에야 옛사람에 거의 미칠 수가 있다.

운래정雲來亭 이허중李虛中 군은 또한 옛것에 뜻을 둔 자이다. 그러나 애석하게도 일찍 세상을 떠나 학문이 성취되지 못했다. 그러나 그가 지은 악부樂府와 고시古詩를 살펴보면 대개 한유韓愈가 이른바 "게을리하지 아니하여 옛날에 미친다."*라는 것이다. 이 군이 이것으로 충분히 이름을 남기게 되었으니, 뒤에 배우는 자들은 이를 통해서 옛사람의 방에 들어간다면 또한 이 군의 공일 것이다.

* "현재 생존하여 아래에 있는 자로는 맹교孟郊 동야가 비로소 시로써 울리니, 그 고상하기가 진위晉魏 시대를 뛰어넘어 게을리하지 않아서 옛날에 미치고, 기타의 문장들은 한나라 시대에 접근하였다."라고 한 데서 온 말이다. 이허중의 악부와 고시가 그 옛날의 작품에 비해서 손색이 없음을 말한 것이다. 한유韓愈, 「송맹동야서送孟東野序」.

사람들은 무조건 옛것이라 하면 진부하다는 이유로 평가절하하였다. 그래서 옛 전범을 무시하고 새로운 시도만을 추구하기도 한다. 기궤하고 이상한 말들을 만드는 것만이 마치 문학의 본령처럼 여긴다. 그러다 보면 어느새 점점 비속한 경지에 떨어지게 된다.
이허중이 누구인지 확인할 수 없다. 이허중은 어린 나이임에도 옛날의 전범과 법식을 배우려 한 사람이었다. 그의 문학적 성취를 격려하며 우회적으로는 지나치게 새로움만을 추수하는 시대적 분위기에 경종을 울린 글이다.

다르지 않은 다름
平巖集序

맹자께서 조교曹交에게 고하기를 "그대가 돌아가서 구하면 스승은 얼마든지 있을 것이다."라고 하였다. 성현의 말씀은 진실로 무언가 까닭이 있어서 하신 것이니, 실제로 배우는 자가 어떻게 스승을 구하지 않을 수가 있겠는가.

아림娥林 경상남도 거창은 궁벽한 곳이다. 이곳에 평암平巖 정공鄭公이란 분이 있으니, 도의를 즐거워하여 평생토록 말이 법도에서 벗어나지 않았다. 대개 공의 학문은 조부인 졸수공拙守公 정영진에게서 얻었고, 졸수공은 그의 외조부인 임곡林谷 임진부林眞怤에게 얻었으며, 임진부는 그의 조부인 첨모당瞻慕堂 임운林芸에게서 얻었고, 임운은 그의 형인 갈천葛川 임훈林薰과 함께 김굉필과 정여창을 스승으로 삼고 퇴계 이황, 남명 조식을 벗으로 삼았으니, 여러 세대를 거쳐서 전수받은 것은 그 단서를 잃지 않았다. 그러므로 공의 말은 모두 여러 노선생이 남긴 가르침을 철저히 연구하여 아주 작은 부분까지도 훤히 분석한 것이었으니, 전수받은 바가 있지 않았다면 거의 그렇게 할 수가 없었을 것이다.

어떤 사람들은 말하기를 "학문은 비록 스승의 말을 힘써 지키는 것이지만 모름지기 자득自得해야 한다."고 하나, 이것은 크게 그렇지 않다. 자득이라고 하는 것은 스승에게 들은 것을 존중해서 자신의 몸에 돌이켜 실천하는 것이지 스승의 학설 밖에 별도로 새로운 해석을 세워 구차하게 달리하는 것은 아니다.

음식으로 비유하여 말한다면 서직黍稷과 도량稻粱을 먹어 배부를 수 있게 하는 것은 스승의 학설이고, 먹어서 배가 불러 정화精華가 더욱 넘쳐 혈기를 가르고 살갗을 윤택하게 하는 것은 자득이다. 저 오곡을 버리고서 회초미뿌리貫衆를 먹으며 온갖 풀을 실컷 먹기를 구하는 것은 의혹됨이다. 가령 장주莊周가 전자방田子方과 달리하기를 구하지 않고, 자방子方이 자하子夏와 달리하기를 구하지 않으며, 계사季斯가 순경荀卿 순자과 달리하기를 구하지 않고, 순경이 자궁子弓과 달리하기를 구하지 않았다면, 그 해로움이 어찌 이 지경까지 이르렀겠는가. 사람은 오직 그 옛것을 편안하게 여기지 못한 뒤에야 새로운 것을 구하는 법이니, 이미 편안히 여기고서 다시 옮기는 자가 없다. 그렇다면 깊이 자득하지 않고는 진실로 힘써 지킬 수가 없다. 공이 남보다 크게 나아져서 후인의 본보기가 되는 점은 여기에 있다 할 것이다.

『평암집』은 평암平巖 정영진鄭榮振, 1672~1728의 문집이다. 그는 번번이 과거에 낙방하자 벼슬을 포기하고 후진을 양성하며 학문에 전념하였다. 성리학뿐 아니라 예학 · 천문 · 역학에도 조예가 깊었다.
어떤 이들은 스승의 말을 일방적으로 따르기만 하고 홀로 터득한 자신만의 견해가 없다면 그것은 학문이 아니라고까지 말한다. 그러나 이가환은 진정한 학문이란 의식적으로 스승의 학설에 대립각을 세우는 것이 아니라고 주장한다. 곧, 무조건 선배의 학설이나 견해에 반기를 들어 새로움만을 추구하는 것은 잘못되었다는 말이다. 더 나아가 문장에서도 평지돌출식의 글만을 써서 기이하다 못해 기괴한 것을 만들려고 노력하는 것에 대한 비판도 함께 담았다. 이러한 점에서 정영진은 스승의 학설을 잘 본받아 제 것으로 체득한 사람으로 후대 문인들의 모범이 된다고 평가했다.

남겨진 한 편의 상소문

七灘集跋

칠탄七灘 김 공金公 김세흠은 문학으로 당대에 으뜸가는 명성을 날렸으나, 지금은 연대가 멀어지고 자손들이 미미해진 관계로 아름다운 작품들이 모두 흩어져 버리고 남아 있는 것이 얼마 없으니 한스럽다. 그러나 1707년숙종 33에 올린 한 장의 상소문이 있으니 또한 다시 무슨 한이 되겠는가.

옛날에 화응和凝* 은 백 권이나 되는 문집이 있었는데, 스스로 판각하여 세상에 간행하자 식자들이 비웃었고, 후세 사람 중에는 그의 글을 한 글자도 거론하는 자가 없었다. 반면 공장孔璋은 이옹李邕을 대신해 죽기를 청한 표문* 한 편을 전하였으나 이제까지 생기가 있으니, 문장이 전해지고 전해지지 못하는 것이 어찌 글의 많고 적음에 영향을 받는 것이겠는가.

* 화응898~955은 오대五代 시대 후진後晉의 대신이다. 여러 번에 걸쳐 높은 벼슬살이를 했으며 수많은 사詞와 곡曲을 지었다. 그를 일러 곡자상공曲子相公이라 했다 하니 무척이나 음률을 좋아한 듯하다. 그의 작품은 대개 『전당시全唐詩』에 실려 있다고 한다.
* 당唐나라 현종玄宗 때 이옹이 옥에 갇혀 죽자, 공장이 포의布衣의 신분으로 "옹邕은 나라에 공이 있지만 신臣은 살아도 세상에 도움이 없으니 신을 대신 죽여 달라."는 내용의 상소를 올렸다가 영남嶺南에 유배되어 죽었다.

공의 상소문은 성인의 학문에 근본을 하여 임금의 마음을 바르게 '성심을 바치되 상대방이 쉽게 알 수 있는 곳으로부터 한다.'*라는 뜻을 깊이 얻었다. 이는 한때의 울컥하는 마음으로 한 일에 비할 바가 아니고, 평소에 학문한 힘이었으니, 공장이 미칠 수 없는 것이다. 이 또한 몰라서는 안 될 것이다.

* 밝은 창을 통해 물건을 들여 넣는 것과 같이 신하가 임금에게 진언할 때에도 임금이 쉽게 알아들을 수 있는 쪽, 즉 임금의 마음에서 이치가 밝은 곳부터 말하여 설득한 다음 차츰 본론을 말하는 것이 좋다는 뜻이다. 『주역』 「감괘坎卦·육사六四」.

칠탄七灘 김세흠金世欽, 1649~1721 문집에 쓴 발문이다. 김세흠은 1698년숙종 24 교리校理에 제수되었다. 교리로 있으면서 붕당의 폐해와 국가의 기강, 백성의 굶주림 등을 논하는 상소를 올렸다. 1707년 10월 11일 그가 이가환의 종조부인 이잠李潛의 구명을 위해 상소를 올렸는데, 내용은 다음과 같다.

수찬修撰 김세흠이 상소하였다.
접때 이잠이란 자가 있어 상소 하나를 올렸는데, 그 지엽적인 말은 비록 정확하지 못한 데 관계된다 하더라도, 그 귀결처를 요약해 본다면 모두 춘궁春宮의 처지를 위한 것이었으니 그 정상은 진실로 용서할 만한 것이며 노여워할 것이 아닙니다. 만약 이잠을 죄줄 만하다고 여긴다면 마땅히 유사有司에게 부쳐 그 흠휼欽恤의 도리를 다해서 귀양 보낼 만하면 귀양 보내고 죽일 만하다면 죽여야 할 것인데, 어찌하여 전하께서는 천천히 그 정상을 구명究明하시어 그 죄를 용서하지 않으시고, 분노를 폭발시키어 급작스레 죽이셨습니까. 대저 이잠은 전하를 위해 말하고 동궁을 위해 죽으며 그 몸을 돌아보지 않았으니 죽어도 썩지 않을 것이라, 그 종사宗社에 있어서 충신이겠습니까, 아니겠습니까. 뇌정雷霆의 아래에서 온 조정이 두려워 떨며 일찍이 한 사람도 전하를 위하여 그가 충신임을 밝힘이 없었으니, 조정을 위하여 부끄럽게 생각합니다.

이잠의 상소는 당시 국정을 장악하고 있던 노론의 거센 반발과 숙종의 진노를 불러일으켰다. 9월 18일부터 25일까지의 참혹한 국문에서도 끝내 자신의 주장을 굽히지 않았던 그는 마침내 25일 마흔일곱 살의 나이로 생을 마감하였다. 김세흠의 상소는 이잠의 행동을 두둔하는 내용이었다. 자칫 자신도 큰 곤욕을 치를 수 있으리라는 사실을 누구보다 잘 알고 있었지만, 그는 주저 없이 글을 올렸다. 그 결과 관직을 삭탈당하고 전라도 흥양興陽에 유배되었다. 유배에서 풀려난 후에는 학문 연구와 후학 양성에 힘썼다. 이 서문에서 자신의 종조부를 위해 상소를 올렸던 김세흠에 대한 고마움이 느껴진다.

그는 단 한 장의 상소문만을 남겼다. 화웅은 백여 권이나 되는 문집을 남겼지만 아무도 그의 글을 거론하지 않았다. 반면 이옹은 한 편의 표문表文으로 지금껏 이름이 전하고 있다. 어차피 모든 예술은 남긴 작품의 총량이 아니라 대표작으로 기억되는 법이다. 상소문은 자칫하면 울컥하는 마음만이 앞설 수 있지만, 김세흠의 상소문은 학문에 바탕을 둔 탄탄한 글이었다. 제대로 쓴 한 편의 글은 문집 몇 권보다 더 깊은 감동을 준다는 평범한 진실을 재확인해 준다.

참된 글은 평이하다
宗人熙天東遊錄後跋

문장을 짓는 것은 초상화를 그리는 것과 같아 오직 비슷하게 할 따름이고, 또 법률을 적용하는 것 같아 오직 합당하게 할 따름이다. 내가 풍악록楓嶽錄을 많이 보았으나, 대부분 과장하여 그 참모습을 잃은 것이 열에 아홉이고, 또 더러는 깎아내려 기대에 못 미치는 것으로 여기기도 했으니, 그 의도를 살펴보면 진실로 본 바가 있어 칭찬하는 것이 아니라, 대부분 기이한 논의를 만들어 독특하기를 구하려는 것이었다. 기記와 시詩는 또 한 편을 가지고서 앞사람을 능가하기를 힘썼다. 이것은 주자가 이른바 "이런 의도 자체가 이미 좋지 못하다."라는 것이니, 이것은 모두 이기기를 좋아하는 것이지, 유람하기를 좋아하는 것이 아니다.

지금 희천熙天의 『동유록東遊錄』을 보니, 문文은 그다지 특이하기를 구하지 아니하였고, 시는 매우 빼어나기를 구하지 않았으며, 오직 진실하게 기록했을 뿐이다. 이 점이 귀하게 여길 만한 것인데, 특이함과 빼어남은 그 안에 있다.

내가 아직 금강산을 유람하지 못하였지만 그 참모습을 아는 것은 내가 일찍이 김화에 유배되어서 한양의 동문東門에서 생창역生昌驛에 이르기까지 몸소 그곳을 지나왔기 때문이다. 몸소 지나온 곳에서 모두 그 참모습을 얻었으니 보지 못한 것도 알 수 있었다.

나는 말한다.

이것은 화가가 소묘만 하고 꾸미지도 않고, 더 보태지도 않고 빼지도 않는 것과 같다. 이로부터 구한다면 문장도 있고 도道도 여기에 있을 것이다.

금강산 유람기는 많은 문사가 동유東遊, 금강金剛, 관동關東, 풍악楓嶽 등의 표제를 붙여 수많은 기록을 남겼다. 18세기가 되면 일반 서민들에게까지도 금강산 유람 열기가 확대되었다. 그런데 그 기록들을 살펴보면 실제보다 부풀린 것이거나 형편없다고 깎아내린 것이 대부분이었다. 실제의 금강산을 그리기보다는 기이함이나 특이함만을 찾아내는 데에 힘을 쏟은 경우가 많았다. 어디 글 짓는 일만 그러한가. 그러나 희천이란 사람의 『동유록』은 특이하거나 빼어나기를 구하지 않았다. 고수의 작품은 단순하고 평이하다. 하수는 온갖 기괴하고 과장된 묘사나 요설로 실질을 왜곡한다. 훌륭한 작품은 평이함 속에서 참된 의미를 드러낸다는 평범한 진리를 역설하였다.

쓸모없는 사람들의 쓸모 있는 모임

玉泉詩社卷序

옥천시사玉泉詩社의 구성원들은 하나같이 세상에 쓰이지 못하였다. 그러므로 그들이 지은 시는 충원沖遠하고 한담閑澹한 것이 많아 도연명陶淵明이나 유종원柳宗元과 꽤 비슷하다. 그러나 도연명은 실제로 감개하고 분개하였으며, 유종원은 실제로 원망하고 비난을 했다. 이에 반해 옥천시사에서는 이러한 점을 찾아볼 수 없으니, 모두 시대가 그들을 그렇게 만든 것이었다. 후세에 독자들이 위로 그 세대를 논하게 된다면 공功이 돌아갈 곳이 있을 것이다.

옛날 주周나라가 번성했을 때에는 깊은 산에서 나무를 베고 새가 짹짹 지저귀는 일조차도 사람을 감동시켜 친구를 구하게 하였다. 그래서 그 효과가 바로 신神이 그것을 들어 주어서 마침내 화평한 데에 이르렀던 것이다.

심하도다. 쓸모없는 것의 쓸모 있음이여.

옥천시사에서 활동했던 시인들이 엮은 시집에 쓴 서문이다. 옥천시사에 어떤 사람들이 참여했는지는 확인할 수 없다. 다만 큰 기상을 지니고도 불우했던 여항인들이 모였던 것만은 짐작할 수 있다. 여항인들의 문학활동은 주로 시사詩社를 중심으로 이루어졌다. 시사는 시인들이 정기적으로 모여 시를 읊는 장소를 말하는데 넓은 의미로는 그 모임 자체를 일컫기도 한다. 옥천시사를 형성한 사람들의 시풍은 도연명이나 유종원과 상당히 닮았다. 하지만 도연명과 유종원에게서 보이는 불평의 목소리는 찾아볼 수 없었다. 이것은 도연명, 유종원과는 시대 상황이 달랐기 때문이다. 부귀나 영달 등 현실적인 욕망이 좌절될 때 오히려 성정은 더 자유롭게 발현되어 뛰어난 시를 쓸 수 있다. 일견 쓸모없어 보이는 이 사람들의 모임에서 흘러나오는 시들이 실제로는 더 가치 있고 훌륭한 문학이 될 수 있다고 말하였다. 이 글은 이가환이 여항인들에 대해 지속적인 관심과 유대를 가졌음을 보여 준다.

저절로 같아진 소리

同聲集序

사람들은 늘 "소리, 색, 냄새, 맛"이라는 말을 한다. 대개 사람들에게는 오관五官이 갖추어져 있는데, 얼굴에 붙어 있는 것이 귀, 눈, 입, 코이다. 귀, 눈, 입, 코는 소리, 색, 맛, 냄새 네 가지를 거두어서 마음에 전달한다. 그러나 맛은 반드시 먹어 봐야 알고, 냄새는 반드시 가까이해야만 알지만, 소리와 색은 물건이 멀리 떨어져 있어도 알 수 있다. 그러나 색은 또 형상을 기다려야 나타나니 미묘하여 형상이 없기로는 소리만 한 것이 없다. 그러므로 마음에 감동되는 것이 가장 깊어서 기쁜 것은 사람을 춤추게 하고 슬픈 것은 사람을 울게 하니, 이것은 냄새와 맛, 소리로는 불가능한 것이다. 발산하여 음악이 되고 드러내어 시가 됨에 이르러서는 6가지 경서 가운데 『시경』과 『악경』 두 가지가 되었다. 소리의 작용이 이렇게 중요하지만, 백성은 일상생활에서 사용하면서도 이것을 알지 못한다.

천수경千壽慶 군이 물욕을 초월하고 가난을 편안하게 여기며 뜻이 맞는 몇몇 사람들과 함께 날마다 서로 시를 주고받았는데 세월이 오래되자 상자에 가득 찼으므로, 이름을 『동성집』이라고 명명하였다. 대체로 모든 구멍에서 소리가 나와서 자연의 소리와 하나로 어우러진다면 이것은 반드시 의도하지 않고도 저절로 같아짐이 있을 것이다. 그러한 경우에는 만나지 못했을 때는 서로 찾고 만나면 서로 공감하기를 우탁牛鐸이 감응하고* 방향方響이 약동하는 듯이 할 것이니,* 나는 그래서 군의 시가 날마다 좋아지게 될 줄을 알겠다.

* 진晉나라 순욱荀勖이 길을 가다가 소 방울 소리牛鐸를 듣고는 나중에 악기의 음률을 조정할 때 그 소 방울 소리를 수소문해 찾아서 음악을 조화롭게 하였다. 『진서晉書』「순욱열전荀勖列傳」.
* 방향은 경磬의 일종인 타악기이다. 16개의 철편을 틀의 상단과 하단에 8개씩 매어놓고 망치 모양의 각퇴角槌로 쳐서 소리를 낸다.

1786년정조 10 여름, 천수경?~1818이 살던 인왕산 아래 속계동의 송석원에서 동인同人들을 모아 시를 읊었는데, 이 모임을 '송석원시사松石園詩社'라고 하였고, 인왕산 아래 서촌에 있다고 해서 '서사西社', 혹은 '서원시사西園詩社'라고 하였다. 그는 여항인들을 모아서 시사를 만들고 시집을 펴내는 데 주도적인 역할을 하여 위항문학의 전성기에 큰 활약을 한 인물이다.

이가환의 글에는 천수경이 자주 등장한다. 그런 천수경이 여러 동인과 함께 시를 짓고 그것을 모아 『동성집』이란 이름의 책으로 엮었다. 현재 『동성집』은 전하지 않는다. 피리의 구멍에서 나오는 소리는 제각각이지만 묘한 하모니를 이루어 내는 것처럼, 각계각층의 인물들이 모여 이루어져 있으므로 이들 시의 성격도 다양하지만, 큰 흐름에서는 하나로 묶을 수 있었다. 그들 서로가 영향을 주고받으며 각자의 시들도 더욱 큰 발전을 이루어 내었다.

중인들의 시집
風謠續選序

세상에 성정이 없는 사람은 없으니 시를 짓지 못하는 사람은 없을 것이다. 그러므로 사람은 누구나 시를 지을 수 있지만, 성정이 어지럽혀지면 시를 지을 수가 없다. 성정을 어지럽히는 것으로는 부귀보다 더 심한 것이 없다. 성정이 어지럽혀지면 그 재주가 아무리 고상하고 그 언어가 아무리 빼어나다 해도 말단일 따름이니, 어찌 시라고 할 것이 있겠는가. 이것이 고금에 높이 평가되는 시가 곤궁하고 지위가 낮은 사람에게서 많이 나온 까닭이다. 그렇지만 곤궁한 사람에게서 나온 까닭에 으레 분개하고 불만 섞인 말이 많아 군자가 병통으로 여겼다. 하지만 이 시집만은 홀로 온유돈후溫柔敦厚하여 흥관군원興觀群怨*의 뜻을 잃지 않고 있으니, 이 점이 바로 태평성대의 풍요가 될 수 있는 까닭이다.

성정은 사람마다 있지만, 그 성정을 이끌어 주는 것은 윗사

* "시는 감흥을 일으키고 사물을 살필 수 있게 하며 무리와 어울릴 수 있게 하며 불의不義를 원망할 수 있게 한다. 詩可以興 可以觀 可以群 可以怨"는 말에서 따왔다. 시를 통해 감흥을 일으킬 수 있고, 세상의 일을 관찰할 수 있으며 많은 사람이 교류할 수 있고 위정자들의 정치나 정책에 대해 비판할 수 있음을 말한다. 『논어』「양화陽貨」.

람에게 달려 있다. 계찰季札이 주周나라의 음악을 들었을 때 위衛나라 사람이 반드시 모두 근심하되 괴로워하지 않은 것은 아니지만, 그 음악이 그러했던 것은 강숙康叔과 무공武公의 영향이고, 제齊나라 사람이 반드시 모두 기상이 넘치지는 못했지만, 그 음악이 그러했던 것은 태공망太公望의 영향이고, 당나라 사람이 반드시 모두 생각이 깊고 멀리까지 근심하지는 못했지만 그 음악이 그러했던 것은 도당陶唐의 유풍이 있었기 때문이다.

그렇다면 지금 사람들 역시 반드시 온유돈후하지는 못하지만 이 시집이 온유돈후한 것은 바로 여러 성군의 교화가 있었기 때문이다. 만약 계찰과 같은 사람이 살펴본다면 반드시 그러한 점을 알 것이다. 그러므로 "그 세상을 논한다."라고 한 것이다. 이 일을 주관한 사람은 천수경千壽慶과 장혼張混*으로 모두 시에 조예가 깊은 사람이다.

성상 21년 정사 11월 자헌대부 행용양위대호군 여흥 이가환은 짓노라.

* 장혼1759~1828은 조선 후기의 학자이자 시인이다. 옥류천玉流泉 근처의 소나무 바위 아래에 초라한 집을 짓고 송석도인으로 자처하며 동인들을 모아 시를 읊었다.

『풍요속선』은 1797년정조 21 천수경 등이 편찬한 위항시집이다. 송석원시사가 중심이 되어 1737년영조 13에 간행된 『소대풍요昭代風謠』에 이어 그 이후의 위항시인 333명의 시 723수를 실어 간행하였다. 서문은 홍양호 · 정창순 · 이가환이 썼고, 발문은 정이조 · 이시선 · 홍의영 · 이덕함이 썼다. 천수경이 편집을 맡고 장혼이 교열을 담당하였다. 이가환은 이 두 사람과 돈독한 사이였다.

시라는 것이 여유가 있으면 나오지 않는다. 궁핍이나 결핍 속에서 좋은 시가 나오기 마련이다. 이런 까닭으로 시는 궁해진 뒤에 더 좋아진다는 뜻의 '시궁이후공詩窮而後工'이라는 말이 있다. 그렇지만 곤궁한 데에 매몰되면 자칫 불평불만을 일삼는 한심한 시나 쓰게 된다. 여기 『풍요속선』에 실린 인물들은 곤궁한 위항 문인이었지만 온유돈후한 시를 썼다.

촌스럽지만 참된 글

眞愚艸序

내가 성품이 어리석어 세상사는 아는 것이 없었지만, 오직 문장에는 노련하여 남의 글을 보면 그 진위를 제법 구별한다. 구별하는 방법은 다른 것이 아니고 오직 의도함이 있느냐 없느냐 하는 것일 뿐이다. 의도함이 없다는 것은 하지 않을 수 없어서 말하는 것이니, 하지 않을 수 없어서 말을 하게 되면 그 말이 적을 수가 없고, 적을 수가 없게 되면 반드시 전해지게 된다. 의도함이 있다는 것은 하지 않아도 되는데 하는 것이니, 보는 사람들이 그것을 싫어한다. 사람들이 싫어하는데도 자구字句를 빼어나게 다듬어 남들이 좋아하게 만들려고 한다면 그 방법은 더욱이 어긋나게 마련이다. 이것으로 판단하면 거의 백에 하나도 어긋나는 경우가 없다.

강양 노인江陽老人은 세상을 오래 겪었고 경력도 많으니 세간의 기호嗜好를 추구하는 데 재주가 부족하지 않다. 그러나 그의 시문은 화려한 수식을 일체 없애 순후하며 돈독하고 질박하여 모두 절박함이 있은 뒤에 응하는 뜻이 있다. 내가 그것을 다 읽고 나서 참된 글이라고 판단하였으니, 이것은 거의 속인들과는 말하기 어려운 것이다. 노인을 내가 일찍이 한 번 뵈었는데, 이 사람에게 진실로 이러한 글이 나올 법하였다.

문장의 진위는 의도적인 것과 의도하지 않는 것으로 나눌 수 있다. 먼저 의도적인 것은 억지로 쥐어짜 내서 글을 쓰는 경우다. 게다가 나오지도 않는 글에다 인위적인 수식을 가하여 문장을 꾸미는 것은 더 나쁘다. 다음으로 의도하지 않는 것은 자연스럽게 쓸 수밖에 없어서 술술 이야기가 풀려나가는 경우다. 그러다 보니 자연스럽게 이야기는 길어지고 읽는 사람에게 흡입력을 갖게 된다. 그런 의미에서 『진우초眞愚艸』의 저자인 강양 노인은 후자에 가까운 사람이었는데, 이가환은 그의 문학을 진眞이라 평가했다.

시인들이 사는 동네
王溪淸遊卷序

옛말에 "천 리에는 바람이 같지 않고, 백 리에는 풍속이 같지 않다."고 하였는데, 어찌 천 리와 백 리뿐이겠는가. 지척이라도 그러한 법이다. 지금 도성이 사방 십 리인데 북쪽은 백악산이요, 남쪽은 목멱산이요, 중간에는 개천이 있다.

개천의 북쪽에는 운종가雲從街가 가로 나 있고, 길옆으로 가게가 늘어서 있다. 그러므로 그곳 사람들은 장사꾼으로 이익에 밝다.

개천의 남북은 모두 역관과 의원 들이 사는 곳인데, 높은 벼슬을 허락하지 않기 때문에 이익을 중시하고 문학을 경시한다. 그러나 대대로 가업을 이어온 집안이 있어서 스스로 사랑할 줄을 안다.

경북궁의 남쪽은 육조六曹이고 경북궁의 서쪽은 빈 땅이다. 그러므로 서리들이 많은데 일에는 숙련되었으나 성실한 사람은 적다.

성의 동남쪽은 땅이 낮고 습하며 널찍한데, 군인들이 살고 있다. 채소밭을 가꾸고 손수 재배한 것을 먹고 사니 시골 사람들과 같다.

도성의 동북쪽은 성균관의 경계이다. 유생들과 가까이해서 완고하나 또한 의기가 있다.

서북쪽에는 내시들이 살고 있는데 문을 단단히 닫아걸어 사람들이 출입하지 못하게 한다.

서남쪽은 삼문三門에 가까워서 백성들이 조그만 이익을 챙기기 좋아하지만, 사대부도 섞여 살고 있다. 그러나 각자 좋아하고 싫어하는 것이 더욱 심하다. 이 사람들은 모두 옷과 말씨와 행동거지를 가지고 구별이 된다.

오직 백악白岳의 아래는 가장 후미져서 생계를 꾸리기가 어렵고, 시내·바위·숲과 나무가 많다. 그러므로 사는 사람들이 따로 하는 일 없이 모임을 만들어 친구들과 운자를 나누어 시 짓기를 좋아하는데, 이따금 지극히 청아하여 전할 만한 것들이 있으니, 이 시권詩卷이 그중의 하나이다.

송석원시사는 1786년 천수경을 중심으로 서울의 중인계층들이 인왕산 아래에 있는 옥류동玉流洞의 송석원에서 결성한 시사로 일명 '옥계시사玉溪詩社'라고도 한다. 천수경을 필두로 당대 위항문학의 맹장들인 장혼·조수삼·차좌일·박윤묵 등이 송석원에 모여 시를 짓고 문학을 논하며 때로는 신분적 한계에 불만을 토로하였다. 시화첩 『옥계청유玉溪淸遊』에는 김홍도의 「송석원시사야연도松石園詩社夜宴圖」와 이인문의 「송석원시사아회도松石園詩社雅會圖」가 남아 있어 송석원시사의 활동 모습을 살펴볼 수 있다. 이가환은 천수경에 대해 여러 편의 글을 남겼을 정도로 교분이 두터웠다. 이 시집도 역시 이가환에게 서문을 부탁했다.

당시 한양은 직업별로 거주하는 권역이 나뉘어 있었다. 상인, 역관, 의원, 서리, 군인, 반촌泮村 사람, 내시, 백성, 사대부 등이 각자 독특한 성격을 보이며 한데 모여 살았다. 이 글에는 그와 같은 한양의 모습도 잘 드러나 있다.

계축년의 봄놀이
癸丑春賞詩序

진晉나라 목제穆帝 영화永和 9년인 계축년353으로부터 올해 지금 계축까지는 모두 22갑자로서 1321년이 되고,* 산음현山陰縣 소흥현에서 우리 서울까지는 모두 7800여 리이니, 오랜 세월이 흘렀고 거리도 멀다고 이를 수 있다. 그러나 이날을 맞아 산천은 아름답고 바람과 햇빛이 화창하며 초목이 무성한데, 젊은 사람과 나이 든 사람들이 모두 모여 천지 사방을 돌아보며 술잔을 기울이고 시를 읊었으니, 그 당시와 다를 것이 없었다. 나는 이 일을 통해 옛 성현의 일을 바라지 못하고 배우지 못하는 것이 없음을 알았으니, 세대가 멀고 거리가 멀다는 이유로 대뜸 아득히 미칠 수 없다고 여기지 않게 된다면 이 책이 도움을 줌이 있는 것이다.

* 이 글을 쓴 해는 계축년으로 난정의 모임이 있었던 계축년353과는 22갑자가 아니라 24갑자가 되어야 한다. 이가환의 착오로 보인다.

353년 3월 3일 중국 절강성 소흥현 회계산에 있던 난정蘭亭에서 동진東晉 때에 많은 명사가 모임을 갖고 놀았는데, 그때 왕희지王羲之가 지은 「난정서蘭亭序」는 명문으로 회자되어 왔다.

조선 시대 문인들도 난정의 모임을 흠모하여 이 같은 모임을 가지려 하였다. 마침 이가환의 나이 쉰두 살 때는 계축년1793 이었다. 그 옛날처럼 좋은 날을 정해 노소를 불문하고 모여 술잔을 기울이고 시를 지었다. 흔히 있는 봄놀이에서 옛 명사들의 모임을 떠올리고, 자신들의 놀이에도 그와 같은 의미를 부여하는 모습이 흥미롭다. 상우천고尙友千古라는 말이 있다. 먼 옛날로 거슬러 올라가 옛사람과 벗하고자 하는 선인들의 모습이 인상적이다.

조선의 백과사전
大東韻玉序

어느 날 내가 조정에 있는데 옛것을 좋아하는 조정의 사대부 한 분이 나에게 『대동운부군옥大東韻府群玉』에 대해 물었으나, 내가 실제로 보지 못한 것이었다. 그래서 즉시 스스로 고루한 식견을 병통으로 여기고는 돌아와 친구들에게 물어보았다. 그러자 누군가가 말하였다.

"이 책은 초간草澗 권 공權公 권문해이 편찬한 책일세. 우리나라의 고사를 널리 모아 원元나라 음시부陰時夫가 지은 『운부군옥韻府群玉』을 본떠서 만든 책이라네."

이 말을 듣고서 나는 그 책이 『운부군옥』의 아류라고 믿었다.

1795년정조 19 가을, 충주 목사로 좌천되었을 때 문지기가 고하였다.

"예천 사는 권 공이 뵙기를 청합니다."

맞아들였더니 책 한 질을 건네주며 말했다.

"이 책은 저의 선조께서 편찬하신 『대동운부군옥』입니다. 아직 서문이 없기에 공의 한마디 말씀을 얻어 간행하고자 합니다."

나는 놀랍고 기뻐서 삼가 받아 공경스럽게 읽어 보았다. 책을 다 읽고 나서는 탄식하며 말했다.

“예전에 들었던 말은 참으로 잘못된 것이었구나! 이 책은 음씨의 책과 이름은 같지만 실상은 완전히 다른 책이다. 대개 음씨의 책은 널려 있는 책들 속에서 빼어난 구절을 뽑아 나열함으로써 글 짓고 시 읊는 자들이 재료로 삼게 한 것이니, 문인들이 꼭 보아야 할 것이었다. 이에 반해 공의 책은 사실들을 두루 망라하여 말과 행실을 기록하고 절의와 효성을 드러내었으며, 명망 있는 관리를 실어 백성들의 화복禍福을 중시하고, 풍속을 드러내어 풍교風敎의 쇠함과 융성함을 징험하게 하였다. 또 간간이 신선의 자취를 기록하여 괴이한 이야기를 경계하였고, 불교 관련 내용을 동그라미로 구별해서 이단을 물리쳤다. 요점을 말한다면 모두 인심을 착하게 만들어 세교世敎를 돕는 것이니, 학문의 별집別集이다.

공은 퇴계 선생의 문하에서 직접 배워 이미 스승에게 도움을 받은 바가 크고, 또 퇴계 선생 문하의 군자들과 사귀어 그 출처와 논의가 대략 비슷하다. 평소에 강습한 바탕이 있었기 때문에 공의 저술에 나타난 것이 또한 모두 순후하고 깊이 있으며 모범적이어서 유학의 진작을 도울 만하였으니, 반드시 후세에 전해질 것으로 믿어 의심치 않는다.

그러나 음씨의 책은 요행히 명 태조가 좋아하여서 드디어 천하에 널리 퍼졌지마는, 공의 책은 집안에 간직된 지 이백 년에 이르러 지묵紙墨이 해지고 변하였으니, 책이 세상에 나타나거나 자취를 감추는 것도 운수가 있어서 그러한 것인가.

그렇지만 음씨의 책은 해대신解大紳*부터 태조에게 그 책을 보지 말라고 진언하여 경계했지만, 공의 책은 학봉鶴峯 김성일金誠一 선생이 이를 꼭 간행하고자 했고,* 한강寒岡 정구鄭逑 선생이 또 이 책을 빌려 보고자 했다. 명현들이 이렇게 소중하게 여겼으니 불우했다고 할 수도 없는 일이다.

성스런 군주께서 왕위에 계시면서 문교文敎를 크게 창달시켜서, 상자에 보관된 글이 한 구절이라도 취할 만한 것이 있으면 모두 차례로 간행하여 날로 널리 유포하고 있다. 이 책의 부본副本이 없어지지 않고 보존되어 온 것은 기다리는 바가 있었던 듯하니, 임금에게 알려져 세상에 쓰일 날이 있을 것이다."

* 해대신은 명초明初의 정치가 해진解縉, 1369~1415으로, 자는 대신大紳이다. 그는 태조에게 만언소萬言疏를 올려 시정時政의 폐단을 논하였다.

* 김성일이 이 책의 진가를 알아보고 국가적 차원에서 간행하려 했지만, 임진왜란으로 무산됐고 약 이백 년 후에야 완간될 수 있었다.

『대동운부군옥』은 1589년선조 22 권문해權文海, 1534~1591가 편찬한 책으로 한·중 두 나라의 문헌 중 단군 시대로부터 편찬 당시까지 우리나라의 지리·역사·인물·문학·식물·동물 등을 총망라하여 운자韻字에 따라 분류해 놓은 일종의 백과사전이다. 이 책은 임진왜란 이전의 일들을 방대하게 수집한 자료로서도 가치가 높다. 원나라 음시부가 지은 『운부군옥』이 중국의 역사 기록을 수록하여 엮은 것에 반해, 『대동운부군옥』은 지리·국호·성씨·인명·효자·열녀·수령守令·명선仙名·목명木名·화명花名·금명禽名 등 크게 11개 항목으로 분류해 한자의 운별로 수록했다. 저자가 편찬 과정에서 참고한 조선의 서적은 모두 172종인데, 현재 전해지지 않는 40여 종의 서적이 포함되어 있다.

이가환은 『대동운부군옥』이 음시부의 『운부군옥』보다 진일보한 책이라고 평가했다. 그렇지만 책의 간행 과정은 평탄치 않았다. 권문해가 이 책을 편찬한 뒤에 세 질을 준비해 두었으나, 그 가운데 두 질은 김성일과 정구가 빌려 갔다가 잃어버렸다. 한 질 남아 있던 것을 권문해의 아들 권별이 다시 한 질을 베끼게 하여 정산서원에 보관하도록 하였다. 1798년정조 22 7세손 진락進洛이 정범조丁範祖의 서문을 받고, 1812년순조 12에 간행을 시작하여 24년 뒤인 1836년헌종 2에 완간하였다. 이가환이 서학에 연루된 때문인지 그의 서문은 『대동운부군옥』에 끝내 실리지 않았다.

아동교육서
兒戱原覽序

옛날에는 여덟 살이 되면 소학小學에 들어갔다. 그러므로 『주관周官』의 보씨保氏는 공경대부 자제들의 양육을 관장하여 육서六書를 가르쳤다. 육서를 통달한 다음에는 훈고訓詁를 가르쳐서 옛 성현이 남긴 가르침의 뜻을 구하게 하였으니, 이것이 『이아爾雅』가 여러 경서 가운데 들게 된 까닭이다. 그들이 배운 것은 간략하고 질박하지만 모두 사람이 몰라서는 안 되는 것이었다. 그러므로 배우면 또 반드시 알 수가 있게 된다.

나는 오늘날 선비들에 대해 의혹이 있다. 처음에는 근본에 말미암지 아니하고, 마지막에는 다른 곳으로 흘러가서 돌아오기를 잊으니, 아는 것이 비록 넓기는 하나 대개 몰라도 해롭지 아니한 것이 있고, 간혹 스스로는 이미 안다고 생각하지만 실제로는 일찍이 모르는 것이 있다. 이것이 장씨張氏의 『아희원람兒戱原覽』이 지어진 이유이다.

이 책은 형기形氣에서부터 전운傳運에 이르기까지 무릇 10칙則과 수만 글자로 이루어졌으니, 대개 여씨呂氏의 『대사기大事記』*와 조씨趙氏의 『사물원시事物原始』*의 체재를 취하여 가

감한 것이다. 널리 종합한 학문에서 그 근본을 따라 소학으로 돌아오는 것이기 때문에 비록 사물에 통달한 사람에게도 필요한 것이고, 어리석은 선비에게는 더욱 적합하다. 양웅揚雄이 이르기를 "해가 질 때에 그 빛이 동쪽을 아름답게 꾸며 준다."* 라고 했으니, 이 책의 이름을 정한 뜻이 여기에 있다.

* 대사기는 송宋나라 학자 여조겸呂祖謙, 1137~1181 이 지은 역사책이다.
* 사물원시는 서구徐炬의 『고금사물원시古今事物原始』를 가리키는 것으로 보인다. 원문에서 조씨의 저작이라고 한 것은 이가환의 착각인 듯하다.
* 처음과 끝이 서로 어긋나지 않게 항상 돌아본다는 뜻이다. 양웅揚雄, 『태현경太玄經』.

장혼이 직접 쓰거나 제작한 책은 『풍요속선』에서부터 우리나라 역사를 요약한 『동사촬요東史撮要』까지 24종이나 된다. 아동교육에 관심이 많아 여러 책을 저술했다고 알려져 있으나, 현존하는 것은 『아희원람』과 『몽유편』 등이다. 특히 『아희원람』은 확인된 판본만도 7종일 정도로 여러 번 인쇄되어 널리 읽혔다. 내용은 한국문화사적인 것을 중점으로 다루고 있는데, 열 가지 항목으로 분류하였다. 형기形氣· 창시創始· 방도邦都· 국속國俗· 탄육誕育· 자성姿性· 재민才敏· 수부壽富· 변이變異· 전운傳運 등으로 되어 있으며, 부록 천편天篇· 지편地篇· 인편人篇이 게재되어 있다. 당대 초등교육을 연구하는 데 중요한 자료이다. 이가환의 서문은 『아희원람』에 실리지 못했다.

제6장

정조와 대화하다

대책이란 조선 시대에 시정의 문제를 제시하고 그 대책을 논의하게 한 과거 시험 과목이다. 여기 실린 대책들은 모두 이가환이 장원을 차지했던 글들이다. 그의 무불통지한 천재성이 유감없이 발휘되었다. 정조는 이에 대해 평하기를 "읽어 보면 읽어 볼수록 더욱더 깊은 맛이 있음을 알겠다." 하였다.

정조가 묻고 이가환이 답하다
금대전책

『금대전책錦帶殿策』은 국왕 정조의 책문策問에 대한 이가환의 대책對策을 모은 책이다. 채제공에 이어 남인계열의 지도자로 거론되던 이가환은 당대의 대학자였으며, 특히 천문·지리·기하에 밝아 일식이나 월식, 황·적도의 교차 각도를 계산하고 지구의 둘레와 지름에 대한 계산을 도설로 제시하는 등 시대를 앞서 나간 학자였다.

『금대전책』은 필사본 형태로 전해지는데, 대책과 논論이 각 3편씩 총 6편으로 구성되어 있다. 대책은 천문책天文策, 지리책地理策, 문체책文體策이 있다. 논은 과거 역사 사건에 대한 사론史論 형태의 글로 「오강을 건너지 않은 데 대한 논不渡烏江論」, 「소하가 미앙궁을 크게 지은 데 대한 논蕭何大起未央宮論」, 「유주를 받아들이지 않은 데 대한 논不受維州論」이 있다. 여기에서는 『금대전책』 가운데 이가환의 학문과 사상이 잘 드러나 있는 천문책, 지리책, 문체책 부분을 발췌하여 수록하였다.

천문책은 1789년 정조 13 윤5월 28일에 실시한 친시親試의 대책이다. 정조는 하늘이 백성들의 일상생활을 이끌어 준다고 여겼다. 국가를 다스림에 천문에 대한 일보다 더 우선시해야 할 일이 없는데도 당대 학사나 사대부들이 역상을 알지 못한다고 탄식하며 이에 대해 논하도록 하였다. 이가환은 '성왕이 역상을 우선으로 여겼던 것은 민사를 중요하게 여겼기 때문이다.'라고 하여 천문학을 통해 민생안정을 도모하려 하였다. 이가환은 이에 그치지 않고 천문학의 올바른 방향을 모색하고 천문학 진흥방법을 제시하였다.

지리책은 1789년 윤5월에 실시한 초계문신抄啓文臣 친시의 대책이다. 정조가 사람들이 지리가 정치의 근본이 되는 줄을 알지 못하고, 조정에는 이익을 독점하는 정사가 없는데도 경제가 나빠지고, 팔도에 광물을 채취하는 관리가 없는데도 자원이 고갈된다고 탄식하자 이가환이 이 문제에 대해 답하였다. 나라를 가지고 있는 자는 반드시 온 나라의 방위와 분야分野, 지형에 대해 두루 알고 있어야 나라를 제대로 잘 다스릴 수 있다고 하여 군주의 자연지리에 대한 관심을 환기시켰다. 특히 민생 안정을 위해서 산림山林과 천택川澤의 산물, 염전, 광산 개발 등을 주장하였다. 이 밖에도 일본에 대한 경계, 울릉도에 대한 관심, 국방 강화에 대한 의견도 제시하고 있다.

문체책은 1789년 11월에 실시한 초계문신 친시의 대책이다. 정조는, 근래에 문풍이 점차 달라져 글한다는 선비들이 육예六藝의 문체를 본받으려 하지 않고, 자잘한 패관문학에 힘을 쓰니 문체를 혁신하여 새롭게 하려면 그 방도가 어디에 있느냐고 물었다. 이가환은 천하의 일은 오직 임금에게 달려 있으며 문장의 성쇠는 예악·정벌과 더불어 그 중요함이 차이가 없다고 대답하였다. 또 예악과 정벌의 권한이 임금에게 있다면 문장에 관한 권한도 국왕에게 귀속시켜야 한다고 주장하였다.

이가환의 학문에 대해 알 수 있는 저술이 거의 남아 있지 않기 때문에 『금대전책』은 그의 학문과 사상을 연구하는 데 중요한 자료가 될 것이다.

* 본고에서 소개하는 이가환 대책문의 번역은 한국고전번역원 정선용 수석연구위원이 번역한 『금대전책』(국립중앙도서관 발간, 2011)을 따랐다.

천문책
天文策

신은 다시금 그 중대하고 중요한 것들을 들어 말씀드려 보겠습니다.

첫 번째는 역상曆象의 근본을 올바르게 하는 것이고, 두 번째는 역상의 기구를 정비하는 것이고, 세 번째는 역상의 재주를 가진 자들을 양성하는 것입니다.

신이 전 시대 성인들이 지은 책을 두루 살펴보건대, 요堯임금이 희화羲和에게 명하면서는 "공경스럽게 사람의 때를 받아라."고 하였으며, 주공이 혁괘革卦를 찬미하면서는 "역상을 다스려서 때를 밝힌다."고 하였으며, 기자箕子가 「홍범洪範」을 전하면서는 "해와 달과 날짜를 합하게 하라."고 하였습니다.

이것으로 말미암아 보건대, 성인들께서 역상을 만든 것은 전적으로 때를 받고 날을 합하기 위한 것이었음을 잘 알 수가 있습니다. 그런데 후세 사람들이 학문을 함에 있어서는 한번 역상에 대해 말하기만 하면 문득 점쟁이나 사주쟁이로 취급해 버리고 맙니다. 이것은 맑은 물과 탁한 물을 한꺼번에 뒤섞어 놓고, 향기로운 풀과 냄새나는 풀을 한 곳에 뒤섞어 놓아서,

다 똑같은 것으로 치부해 버리는 것과 무엇이 다르겠습니까.

돌아보건대, 오늘날에 역서曆書에 실려 있는 연신방위도年神方位圖*의 건제만평建除滿平* 등의 설은 경전에는 보이지 않는 바, 애당초 이치와 근거가 없는 것이니, 무엇을 하자는 것입니까. 시험 삼아 한두 가지 단서를 가지고 그에 대해 논해 보겠습니다.

혼인을 치르거나 길을 떠남에 있어서 각각 마땅한 날이 있는데, 같은 날에 길을 떠나도 이롭고 해로움은 만 가지로 다르고, 같은 날에 혼인을 치러도 길하고 흉함은 서로 같지가 않습니다. 이엉과 기와로 지붕을 덮을 때도 반드시 천화天火*를 피해서 하는데도 불이 나 머리카락이 타고 이마를 그슬리는 일이 전후로 잇달고 있으며, 기둥을 세우고 대들보를 올리는 것에 대해서는 시각時刻을 분명하게 정해 놓기까지 하였는데도 담장이 무너지고 지붕이 무너지는 것이 고금에 어찌 한이 있었겠습니까.

이러한 따위들은 모두가 사특한 설로써 혹세무민하는 것입

* 연신방위도는 동남·동북·서남·서북의 네 간방間方을 강綱으로 하여 24방위를 벌여 놓고, 해당 방위에 각각 해당하는 신을 안배해 그려 놓은 것을 말한다. 이것을 이용해 그 해에 행하는 여러 일들의 길흉을 점친다.

* 건제는 하늘의 열두 개 별자리가 계속 순환하면서 인간의 길흉화복을 나타낸다고 하는 일종의 점성술이다. 열두 개의 별자리는 건建, 제除, 만滿, 평平, 정定, 집執, 파破, 위危, 성成, 수收, 개開, 폐閉 등이다.

* 천화는 벼락 등으로 인하여 자연적으로 발생하는 불을 말한다.

니다. 그런데도 엄연히 세기歲紀와 월령月令의 사이에 끼어 있습니다. 그리하여 선왕께서 절서節序를 분명하게 보이고 천시天時에 합하여 만물을 기르는 뜻으로 하여금, 도리어 이러한 따위의 가설적인 말들에 의하여 파묻혀지게 하고 있으니, 참으로 통탄스러운 일입니다.

중국에서 이러한 것들을 없애 치우지 못한 것은 이미 잘못된 것입니다. 이제 운관雲觀의 역서에서부터 이러한 것들을 모두 삭제하고, 단지 월건月建*의 크고 작음과 현망弦望과 회삭晦朔의 날짜 및 춘분과 추분과 하지와 동지가 시작되고 끝나는 절기에 대해서만 드러내 보여야 합니다.

그럴 경우, 위로는 선왕께서 천시에 합하여 만물을 기르는 정사에 짝할 것이며, 멀리로는 전성前聖들께서 사특한 설을 물리친 공을 뒤따를 것입니다. 그리하여 천고의 누추함을 한꺼번에 씻어 내고, 만물 가운데에서 가장 뛰어난 아름다움을 다 차지하게 될 것입니다.

무릇 그런 다음에야 역상의 올바른 뜻이 더욱 분명해져서 백성들이 듣고서 미혹되고 어지러워지는 걱정이 없게 될 것입니다. 신이 이른바 역상의 근본을 바르게 해야 한다고 하는

* 월건은 각 달의 간지干支로, 음력 12개월을 십이지十二支에 맞추고 월마다 이에 따른 월건이 있는데, 이는 북두성 자루가 초저녁에 가리키는 방향에 의하여 명칭을 붙인 것이다. 예를 들어 음력 11월에는 북두성 자루가 정북인 자방子方을 가리키며, 12월에는 축방丑方, 1월에는 인방寅方, 2월에는 묘방卯方을 가리킨다.

것은, 바로 이것을 두고 한 말입니다.

신이 듣건대, 주자가 말하기를 "오늘날에 역서를 만드는 자들은 단지 하늘의 운행만을 쫓아가면서 합치되기를 구한다."고 하였습니다. 무릇 하늘의 운행만을 쫓아가면서 합치되기를 구하는 걱정은 역대 이래로 면하지 못한 바입니다.

신이 삼가 보건대, 예로부터 역법曆法을 변경시킨 사람이 수십백 명도 넘는데, 대개는 옛사람들의 방법을 그대로 절취해 쓰면서, 거기에다가 약간 더 덧붙이거나 줄이거나 하였을 뿐이지, 우뚝하게 스스로 일가를 이룬 자는 없었습니다. 그런 가운데서도 스스로 일가를 이루어서 고금의 사람들이 다 함께 추대하는 자로는 모두 삼가三家가 있습니다.

한나라의 『태초력太初歷』* 은 종률鐘律* 로서 일가를 이루었고, 당唐나라의 『대연력大衍曆』* 은 시책蓍策* 으로서 일가를 이루었고, 원元나라의 『수시력授時曆』은 구영晷影으로서 일가를

* 태초력은 한나라 무제武帝 태초太初 1년기원전 104에 등평鄧平 · 낙하굉洛下閎 등이 만들었는데, 한 무제의 태초 원년을 역曆의 원점元點으로 하고, 그 체體는 십구년칠윤법十九年七閏法을 사용하고, 1년을 동지에서 시작하여 12등분하였다.

* 종률은 황종黃鐘의 율律을 말하는데, 황종은 음률인 12율의 하나로서 육률六律, 육려六呂의 기본이 되는 음이며, 음력 11월을 이 황종에 배정한다. 『태초력』은 이 황종의 율에서 수를 취하였다고 한다.

* 대연력은 당나라 때의 역법이다. 승려 일행一行이 현종玄宗의 명을 받아 만든 역으로, 그동안 쓰던 『인덕력麟德曆』의 일식이 맞지 않자 다시 제작한 것이다. 일행은 각지의 위도緯度를 측정하여 15년 만에 완성하였다고 한다.

* 시책은 점을 치는 산가지인데, 『대연력』은 이것에서 수數를 일으켰다고 한다.

이루었습니다. 이 삼가 가운데에서도 또 『수시력』을 최고로 치는데, 그것은 하늘에서 하늘을 구하고 해에서 해를 구하여서 종률이나 시책과 같이 타니대수拖泥帶水* 하는 걱정이 없기 때문입니다.

구영의 근본은 전적으로 의기儀器에 있습니다. 성상께서 물으신 가운데에서 언급하신 간의簡儀와 앙의仰儀와 규궤闚几와 영부影符는 참으로 특출한 것이기는 합니다. 그러나 북신北辰을 알고자 하면 의당 극極을 측량하는 후극의候極儀가 있어야만 하고, 천체天體를 정하고자 하면 의당 천체를 형상한 혼천상渾天象이 있어야만 하며, 혼천상을 쓰고자 하면 의당 영롱의玲瓏儀가 있어야만 합니다. 그 나머지 황도경위의黃道經緯儀와 적도경위의赤道經緯儀, 지평경위의地平經緯儀와 같은 따위의 것들은 어느 하나도 없어서는 안 됩니다. 또 반드시 서로 참조하고 증명하여 두루두루 회통하게 해야만 합니다.

그런데 의기儀器를 만드는 법에 대해서 총괄하여 논해 보면, 나무로 만드는 것은 쇠로 만드는 것만 못하고, 쇠로 만드는 것은 구리로 만드는 것만 못합니다. 그리고 작은 것은 큰 것만 못하고, 흔들리는 것은 고정된 것만 못합니다.

나무는 쪼개지거나 갈라지는 걱정이 있고, 쇠는 늘어나고

* 타니대수는 진흙을 끌고 물을 띠는 것으로, 흙탕물을 뒤집어쓴 것과 같이 얽히고설켜서 깨끗하지 못한 것이나 어물어물하며 명확하지 못한 것을 비유하는 말이다.

줄어드는 염려가 있습니다. 이 때문에 구리로 만드는 것이 가장 좋은 것입니다. 너무 작을 경우에는 분초分秒를 밝히기가 어렵지만, 클 경우에는 호리毫釐도 분별할 수가 있습니다. 이 때문에 작은 것이 큰 것만 못한 것입니다. 또 흔들리면 앞으로 나아가거나 뒤로 물러나거나 하여 그림자가 정확하지 않으며, 고정되어 있으면 윤곽이 움직이지 않아 숫자를 얻는 것이 반드시 정확해집니다. 이 때문에 움직이는 것이 고정된 것만 못한 것입니다. 무릇 이러한 것들은 모두 의기를 만드는 자들이 마땅히 알아야 할 것들이며, 천문을 살피는 자들이 먼저 힘써야 할 것들입니다.

우리나라의 장인들을 보면 마음은 거칠고 손은 둔하여, 비록 정미하게 만드는 것에 대해서는 논하고 말고 할 것도 없기는 합니다. 그러나 만약 그 가운데에서 우수한 자를 택하여 상세히 살펴보면서 찬찬히 잘 이끌어 준다면, 반드시 성취하는 바가 있을 것입니다. 그런데 지금은 단지 거칠고 둔하다는 핑계로 처음부터 배워서 만들게 할 생각을 하지 않고 있습니다. 이것은 7년 묵은 병에 3년 묵은 약쑥을 준비해 두지 않은 것과 같은 격입니다. 어찌 제대로 배워 익히지 않고서도 갑자기 정미하게 될 리가 있겠습니까.

신의 생각에는 의당 원나라와 명나라의 사지史志를 널리 수집하고, 겸하여 의상儀象에 관한 여러 서책도 수집하여, 지금부터라도 만들기 시작해야만 합니다. 그런 다음이라야 공효를 이룰 수가 있을 것입니다. 신이 이른바 역상의 기구를 만들어야 한다는 것은, 바로 이것을 두고 말한 것입니다.

신이 듣건대, 인재는 다른 시대에서 빌려 올 수가 없다고 합니다. 그러니 가르치는 것이 어떠하냐에 달려 있을 뿐입니다. 어찌 우리나라 사람들이라고 해서 모두가 노둔하고, 중국 사람들이라고 해서 모두가 뛰어나겠습니까. 비록 중국 안에서 살펴보더라도 당나라의 일행一行이나 주나라의 왕박王朴*과 같은 사람들은 역상의 학문에 대해서 가장 잘 알고 있는 사람들이며, 심괄沈括에 이르러서는 특히 명가名家라고 칭해지는 인물입니다. 그런데도 이들을 곽수경郭守敬과 비교해 보면, 하자가 있고 어긋남이 있는 것이 이미 여러 가지로 드러납니다.

곽수경의 법은 참으로 지극하다고 할 수가 있습니다만, 그 역시 신법新法을 가지고 비교해 보면, 허술한 점이 이미 여러 가지로 잡다하게 많이 보입니다. 이것은 후세 사람들이 반드시 전 시대 사람들보다 더 뛰어나서가 아닙니다. 바로 청람靑藍이 여러 차례 반복되고, 감철鑑轍*이 함께 있었기 때문에 그

* 왕박은 오대五代 시대 후주後周 세종世宗 때 사람으로, 총명하고 재주와 지혜가 많아 『흠천력欽天曆』과 아악雅樂을 만들었으며, 세종을 도와 변경을 평정하여 벼슬이 추밀원사樞密院使에 이르렀다.

* 감철은 거울과 수레바퀴로, 앞 시대 사람들이 잘못한 것을 보고서 잘못되지 않도록 경계 삼는 것을 말한다.

런 것입니다.

이것으로 말미암아 보건대, 적막하고 보잘것없는 가운데에서는 비록 제아무리 뛰어난 재주를 가진 자가 있더라도 스스로 떨쳐 일어날 수가 없는 법이며, 반드시 전습傳習하고 강명講明한 다음에야 무언가를 이룰 수 있는 법입니다. 이제 만약 나이가 어리면서도 뛰어난 자질을 가진 선비를 잘 가려 뽑아서, 절대로 다른 일에는 관심을 두지 말고 본업인 천문을 읽는 데에만 전심전력하게 해, 하나를 배워 열을 알고, 열을 배워 백을 알게 한다면, 이처럼 신법이 크게 밝아진 뒤를 당하여, 어찌 은미하고 오묘한 뜻을 드러내 밝히는 공효가 없겠습니까.

돌아보건대, 사람들의 마음은 권장하지 않으면 흥기해 일어나지 않습니다. 만약 하류下流로 대우하고 천기賤技로 본다면, 제아무리 날마다 살펴보고 달마다 시험해 보더라도 예전 그대로 지리멸렬하게 되고 말 것입니다.

이제 반드시 늠록廩祿을 넉넉히 주고 현직顯職에 허통許通하여, 사람들로 하여금 즐거운 마음으로 그 일에 종사하게 해야 합니다. 그럴 경우 온 마음을 다해 학습하게 되어 분명하게 공효를 이룰 수 있을 것입니다. 어찌 매문정梅文鼎*이나 이천경李

* 매문정은 청나라 선성宣城 사람으로, 자가 정구定九, 호는 물암勿庵이며, 강희康熙 연간의 공생貢生이다. 역산학에 밝아 천문학에 관한 서책을 80여 종이나 저술하였다.

天經*과 같은 무리가 그 사이에서 점차 나오지 않을 것을 걱정할 것이 있겠습니까. 신이 이른바 역상법曆象法에 재주를 가진 자들을 양성하라고 한 것은 바로 이것을 두고 한 말입니다.

* 이천경은 명말 청초明末淸初 때 사람으로, 서광계徐光啓·이지조李之藻 및 서양인인 용화민龍華民·탕약망湯若望 등과 더불어 서양의 방법에 의거하여 천문을 측정하는 데 대한 책을 편수하여 『일월오성력지 日月五星曆指』 및 『혼천의설渾天儀說』 등을 지었는데, 이것이 『시헌력』의 기본이 되었다.

천문책은 이가환의 근대적 과학 사상의 면모를 잘 보여 준다. 천문책에서 천문학의 올바른 방향성을 제시하고, 그 당시에 부합하는 천문학 진흥방법을 제시하였다. 먼저 크게 역상의 근본을 올바르게 하자는 정력상론正曆象論, 역상의 기구를 정비하자는 수의기론修儀器論, 역상의 재주를 가진 자들을 양성하자는 양인재론養人材論 등으로 나눌 수 있다. 우선 정력상론에서는 천문학을 선왕 시대의 역曆 이념을 계승하고 역의 본원적 기능을 회복할 것을 주장하였다. 수의기론에서는 정확한 천체관측과 정밀한 역 제작을 위해 시헌력 체계에 상응하는 천문의기의 제작을 주장하였다. 끝으로 양인재론에서는 이러한 업무를 담당한 인재를 발탁하여 전문가를 양성할 것을 주장하였다.

지리책
地理策

생각건대 우리 동방은 한쪽은 대륙과 잇닿아 있고, 삼면은 바다로 막혀 있습니다. 나라를 처음 만들어 기업을 연 것은 대개 단군 시대 때부터 시작되어 고려에까지 이르렀는데, 연대가 이미 오래되어 문헌으로 증빙할 수가 없습니다. 그런즉 강역疆域의 분합分合과 명호名號의 연혁에 대해서는 참으로 하나하나에 대해 옛날의 일들을 끌어대어서 오늘날에 증험할 수가 없습니다. 그런 만큼 신은 개략적인 것만 말씀드려 보겠습니다.

단군이 조선이라고 부른 것은 대개 조수潮水와 산수汕水의 뜻을 취한 것입니다. 그러나 신은 이 두 물이 있는 곳을 지금은 분명하게 지적하여 말할 수가 없다고 여깁니다.

영백滎伯이 숙신肅愼에게 명서命書를 내린 것은 실로 숙신이 와서 조공하는 정성을 아름답게 여긴 것입니다. 그런즉 신은 대서大序의 글로써 오히려 충분히 징험하여 믿을 만하다고 여깁니다.

한 무제漢武帝가 설치한 사군四郡은 낙랑樂浪·현도玄菟·임둔

臨屯 · 진번眞番인데, 이들은 명호만 전해질 뿐 강역이 어디였는지는 알 수가 없습니다.

신의 뜻으로 헤아려 보건대, 낙랑은 치소治所가 조선현朝鮮縣*에 있었으니, 낙랑이 단군조선과 기자조선의 옛 군에 있었던 것임을 미루어서 알 수가 있습니다. 그러나 남평양南平壤*에 있었는지 북평양北平壤에 있었는지는 모르겠습니다. 대개 압록강의 좌우에서 멀지 않은 지역에 있었을 것입니다.

진번의 경우에는, 반고班固가 말하기를, '요동은 동쪽으로 진번의 물건을 무역하였다.'고 하였고, 마단림馬端臨*은 말하기를, '요동은 남쪽으로는 조선을 꽉 누르고 있고, 동쪽으로는 진번을 껴안고 있다.'고 하였습니다. 그런데 요동의 동쪽과 압록강의 북쪽은 지금의 성경盛京 지방입니다. 그런즉 진번은 반드시 성경의 왼쪽과 가까운 곳에 있었을 것입니다.

현도는 개마蓋馬의 아래에 있는데, 그 속현屬縣 가운데 서개마西蓋馬가 있습니다. 그런즉 현도가 개마의 동쪽에 있었음을 알 수가 있습니다. 개마라는 것은 지금의 백두산 일맥이 서쪽

* 조선현은 지금의 평양이라는 설과 대동강 남안南岸의 토성리土城里라는 설이 있다.

* 남평양의 위치에 대해서 『동사강목』 제2하 신미년조에 "고구려의 북한산군北漢山郡을 혹은 남평양이라고 하는데, 지금의 한양이다." 하였다. 그러나 이병도는 이에 대해, 고구려의 내침을 염려해서 일시적으로 평지인 광주군 춘궁면春宮面에 있던 한성漢城에서 그와 연접한 남한산의 산성山城으로 옮긴 것이라고 하였다.

* 마단림은 송말 원초宋末元初의 학자로, 각 분야에 걸쳐 광범위하게 연구하여 『대학집전大學集傳』, 『문헌통고文獻通考』 등을 저술하였다.

으로 영변寧邊을 향하여 달려 나온 곳입니다. 북산北山의 동쪽이 관북關北의 여러 주가 되니, 현도가 함흥咸興에 있었다고 하는 것은 혹 그럴 듯도 합니다.

임둔은 한나라 소제昭帝가 2부府를 두었는데, 낙랑과 아울러서 동부東部로 만들었으니, 낙랑의 동쪽에 있었던 것이지, 지금의 관동關東에 있었던 것이 아닙니다.

이상에서 말한 것들은 모두 제 나름대로 헤아려 보고서 말한 것으로, 감히 분명하게 지적하여 말한 것은 아닙니다.

사군四郡이 뒤에 와서 이부二府로 변하고, 이부가 뒤에 와서 이군二郡으로 변하여, 사군의 이름이 다시금 서로 번갈아 가면서 뒤바뀐 것*에 이르러서는, 이것은 마치 남북조南北朝에서 주군州郡을 서로 교차하여 두었던 것과 같은바, 더욱더 알 수 있는 것이 아닙니다.

당唐나라 고종高宗이 설치한 구부九府는 신성新城·요성遼城·가물哥勿·위락衛樂·사리舍利·거소居素·월희越喜·거조去朝·건안建安 등이었는데, 신성은 바로 지금의 광녕廣寧이고, 요성은 실로 지금의 요동에 있었으며, 월희와 건안은 겨우 『일통지一統志』에서만 보이고, 그 나머지는 모두 상고할 수가 없습니

* 한사군은 한 무제漢武帝 원봉元封 3년기원전 108에 위만조선을 없애고 그 옛 땅에 둔 낙랑·임둔·현도·진번의 네 군을 말하는데, 각 군에는 한나라의 군현제에 따라 여러 속현이 각각 설치되었다. 이부는 한 소제漢昭帝 시원始元 5년기원전 82 사군에 다시 합하여 평주平州·동부東府 두 도독부都督府로 만들었던 것을 말한다.

다. 그러니 신이 어찌 감히 분명하게 말할 수 있겠습니까.

삼한三韓의 분속分屬 문제에 대해서는, 권근權近은 '마한馬韓은 백제가 되고, 진한辰韓은 신라가 되고, 변한卞韓은 고구려가 되었다.'고 하였는데, 이것은 권근 혼자만의 설이 아니라 역대의 여러 유학자가 전하는 바가 모두 같습니다. 그런데 오직 최치원崔致遠만은 '마한이 고구려가 되고, 변한이 백제가 되고, 진한이 신라가 되었다.'고 하여 두 설이 서로 어긋나 통할 수가 없습니다.

신이 생각하기에, 삼한의 지역은 한수漢水 이북을 넘어가지 않았습니다. 이에 반해 삼국의 국경은 멀리 요심遼瀋 지역까지가 있는데, 이것은 대개 삼한이 삼국으로 편입된 것이지, 삼한이 삼국으로 변한 것은 아닙니다. 신의 생각에 이 두 설은 모두 한쪽만을 따를 필요는 없다고 여깁니다.

삼국三國의 정계定界는 본디 상세하지가 않습니다. 그런데 더구나 강역은 한번은 이쪽으로 속했다가 한번은 저쪽으로 속하기도 하는 데이겠습니까. 칠중성七重城*은 잠깐 고구려에 속했다가 곧바로 신라에 속하였으며, 가불성加弗城*은 혹 고구려에

* 칠중성은 지금의 경기도 파주시 적성積城이다. 칠중성은 진평왕眞平王과 선덕왕善德王 때 신라 북경北境의 요충지로써 신라와 고구려 간 교통로의 중심이었다.

* 가불성은 현재 완전한 위치가 파악되지 않은 성이다. 고구려 문자왕文咨王이 497년에 백제의 가불성과 원산성圓山城을 점령하였다는 기록이 나오는데, 원산성은 현재 충남 진산珍山 지역으로 비정되며, 가불성은 그 인근에 있었던 것으로 추정된다.

속하기도 하고 혹 백제에 속하기도 하였는데, 이와 같은 경우가 이루 다 헤아릴 수조차 없이 많습니다.

그 대개를 들어 말한다면, 오늘날에 영남嶺南에서부터 호서湖西의 네 군郡과 영동嶺東의 아홉 군과 호남의 운봉雲峰에 이르기까지의 지역은 신라가 되고, 호서와 호남과 한북漢北 일대의 지역은 백제가 되고, 관서關西와 관북關北과 해서海西와 관동關東 지역은 고구려의 남쪽 경계가 되고, 요심遼瀋 지역에서 동쪽으로 흑룡강黑龍江과 오라烏喇*까지가 고구려의 북쪽 경계가 됩니다. 이상이 정계定界의 큰 경계입니다.

점제黏蟬*는, 『한서漢書』에 실려 있는 것으로써 말씀드리면, 패수浿水의 아래 항목에 실려 있으며, 또 이르기를 "열수洌水가 점제에 이르러서 바다로 들어간다."고 하였습니다. 그런즉 패수의 아래이며 열수洌水가 바다로 들어가는 곳에 있는 것입니다. 따라서 서로 전하면서 해서에 있다고 하는 것은 역시 마땅한 것입니다.

개마蓋馬에 대해서는 신이 앞에서 이미 진술하였습니다. 그

* 오라는 오늘날의 길림성吉林省 송화강松花江 동쪽에 있었던 나라 이름이다. 명明나라 신종神宗 때 만주족에게 멸망당했는데, 그 유민들이 우리나라의 북쪽 접경 지역에 거주하면서 교역을 하였고, 청나라 조정이 이곳에 총관摠管을 설치하였다.

* 점제는 열수洌水의 하구에 위치한 지역으로, 낙랑군에 속하였던 지역이다. 그 위치에 대해서는 여러 설이 있으나, 평남 용강군龍岡郡 어을동於乙洞에서 점제현비黏蟬縣碑가 발견되었으므로 이곳을 점제로 보는 설이 유력하다.

런데 동쪽에는 현도玄菟가 있고, 서쪽에는 낙랑이 있습니다. 아마도 이것은 단단대령單單大領이라고 부르는 것인 듯합니다.

기준箕準이 마한을 공격하여 격파하고서 스스로 서서 마한을 만들었습니다. 그런즉 기준에 앞서 이미 마한이 있었던 것입니다. 마한에는 두 개가 있었음을 지적해 말할 수 있습니다.

동이東暆*의 예濊와 부여扶餘의 예濊가 있어 두 개의 예가 되며, 춘천春川의 맥貊과 양맥梁貊*의 맥이 있어 두 개의 맥이 됩니다.

고구려라는 명칭이 생겨난 것은 본디 산 이름으로서, 그 산이 부여에 있습니다. 그리고 동명東明이 남쪽으로 달아나 개국하고서도 역시 고구려라고 청하였습니다. 패수가 세 개가 있는 것입니다.

부여는 동부여東扶餘·남부여南扶餘·북부여北扶餘와 아울러 졸본부여卒本扶餘가 있습니다. 그러니 부여는 네 개가 있는 것입니다. 대방帶方은 유인궤劉仁軌가 다스린 곳도 있고, 이적李勣이 설치한 곳도 있습니다. 혹은 남원南原에 있었다고 하고, 혹은 요동遼東에 있었다고 하고, 혹은 임진臨津에 있었다고 합니

* 동이는 임둔군臨屯郡에 있었던 영동嶺東 7현縣 가운데 하나로, 그 위치를 이병도는 지금의 덕원군德源郡 부근으로 비정하였다.
* 양맥은 소수맥小水貊으로, 한나라 현도군玄菟郡의 한 속현이었던 서개마현西蓋馬縣에 살던 종족이다.

다. 그러니 대방은 다섯 개가 있는 것입니다.

가야伽倻*는 김해金海가 가락가야駕洛伽倻가 되고, 고령高靈이 대가야大伽倻가 되는 것과 같은 따위는 손가락을 구부려서 셀 수가 있습니다. 그러니 가야는 여섯 개가 있는 것입니다. 그런데 혹 부락部落이 별처럼 뒤섞여 있거나, 혹 백성들이 옮겨 가 살거나, 혹 전해 오는 말이 잘못되었거나, 혹 세속의 말이 서로 이어져 오면서, 서로 뒤섞여 있어서 구별이 없게 된 것입니다. 신은 이것은 이상할 것이 없다고 여깁니다.

신라가 봉한 오악五嶽은, 동쪽은 토함산吐含山·남쪽은 지리산智異山·서쪽은 계룡산鷄龍山·북쪽은 태백산太白山·중앙은 부악父嶽*입니다. 구주九州는, 상주尙州·양주良州·강주康州·웅주熊州·전주全州·무주武州·한주漢州·삭주朔州·명주溟州입니다.

고려의 사경四京*은 낙랑樂浪의 동경東京·금마金馬의 남경南

* 가야는 가라加羅·가야加耶·가량加良·구나拘那·가락駕洛이라고 표기하기도 한다. 『삼국유사』에 나오는 6가야는, 아라가야阿羅伽耶(함안)·고령가야高寧伽耶(함창)·대가야大伽耶(고령)·성산가야星山伽冶(성주)·소가야小伽耶(고성)·금관가야金官伽倻(김해)·비화가야非火伽耶(창녕) 등이다.

* 부악은 대구의 팔공산八公山을 말한다. 『세한실록』「지리지地理志 대구군大邱郡 공산公山」에 이르기를 "해안현解顔縣 북쪽 11리 거리에 있다. 신라 때에 부악父嶽이라 일컫고, 중악中嶽에 비겨 중사中祀로 삼았는데, 지금은 수령守令으로 하여금 제사를 지내게 한다." 하였다.

* 사경은 『송사宋史』「고려열전」에 이르기를 "고려 왕은 개주開州 촉막군蜀莫郡에서 사는데, 이곳을 개성부開城府라고 한다. 신라 지역을 동주東州 낙랑부樂浪府로 삼아 동경東京 백제 지역을 금주金州 금마군金馬郡으로 삼아 남경南京, 평양平壤을 진주鎭州로 삼아 서경西京이라고 부르는데, 서경이 가장 번성하다." 하였다.

京·진주鎭州의 서경西京·촉막蜀莫*의 개경開京입니다. 십도十道는 개성관내도開城關內道·해양도海陽道·삭방도朔方道 등입니다.

진흥왕眞興王이 북방 국경 지대를 순행한 것에 대해서는, 그때 세운 정계비定界碑가 황초령黃草嶺*에 지금도 남아 있어서 상고해 알 수가 있습니다.

경덕왕景德王이 고을 이름을 고친 것은, 사벌沙伐·삽량歃良·수약首若 같은 고을의 속된 이름을 버리고 아름다운 이름으로 고친 것입니다.* 그 고친 이름은 이미 구주에 대해 말한 데에서 나왔습니다. 그 이외에 본피本彼를 신안新安으로 고치고 가소加召를 함음咸陰으로 고친 것과 같은 따위에 대해서는, 역시 하나하나 다 말할 필요가 없습니다.

발해의 옛 강토가 반이나 거란契丹으로 들어간 것에 대해서

* 촉막은 송악松岳으로, 바로 개성開城을 말한다. 『송사』에 "고려 왕은 개주 촉막군에 거처하는데 개성부라 한다. 큰 산을 의지하여 궁실을 짓고 성벽을 쌓았으며 그 산을 명명하여 신숭神嵩이라 한다." 하였다.
* 황초령은 함경남도 장진군에 있는 고개로, 이 고개 꼭대기에는 568년 진흥왕 28에 만들어진 진흥왕 순수비가 있었는데, 이 비석은 1852년 철종 3에 차령진으로 옮겨졌으며, 이후 함흥본궁咸興本宮으로 옮겨져 현재까지 보관하고 있다.
* 경덕왕이 기존의 군현 이름이 속되고 방언이 섞여서 분별할 수 없다고 하여, 모두 아름다운 이름으로 고쳤는데, 지금의 상주尙州인 사벌주沙伐州를 상주尙州로, 지금의 양산梁山인 삽량주歃良州를 양주羊州로, 지금의 진주晉州인 청주菁州를 당주唐州로, 지금의 서울인 한산주漢山州를 한주漢州로, 지금의 춘천春川인 수약주首若州를 삭주朔州로, 지금의 강릉江陵인 하서주河西州를 명주溟州로, 지금의 공주公州인 웅천주熊川州를 웅주熊州로, 지금의 전주全州인 완산주完山州를 전주全州로, 지금의 광주光州인 무진주武珍州를 무주武州로 고쳤다. 『동사강목』 제4하 정유년 경덕왕 16년.

는, 고려의 태조가 거란에 대해 심하게 배척하면서 회친을 맺지 않으려고 하였습니다. 이것은 바로 그곳을 수복할 뜻을 포기하지 않았던 것입니다.

탐라耽羅의 성주星主가 외람되이 구한九韓에 끼어 있는 것에 대해서는, 안홍安弘은 일본을 먼저 써서 중화中華의 머리 위에 올려놓았습니다. 이것은 비루하고 거친 습관이 없어지지 않은 것입니다.

이가환은 자연지리와 민생 안정을 중요시하였다. 민생 안정의 방안으로 산천의 산물과 광물자원 개발을 주장하였다. 위의 글에서는 영토에 대한 해박한 그의 지식을 잘 보여 주고 있다. 고조선, 삼한, 삼국의 정계, 발해, 탐라까지 고증하였다. 특히 삼한이 삼국으로 편입되었다는 설을 부정하며 영토 확장에 대한 관념을 표출하였다.

문체책
文體策

신은 삼가 대책을 올립니다.

신이 삼가 듣건대, 천하의 일은 참으로 그것을 되돌려서 만회하고자 할 경우, 그 기틀은 오직 임금에게 달려 있다고 합니다. 위에서 잘 이끌면 장璋과 같고 규圭와 같으며, 취함과 같고 쥐여 줌과 같아서,* 크게 호응하면서 임금의 뜻을 따르지 않는 자가 없을 것입니다.

생각건대 문장에 관한 한 가지 일은, 성대해짐에 있어서는 무엇 때문에 홍성해지는 것인지 그 이유를 알지 못하며, 쇠퇴함에 있어서도 무엇 때문에 무너지는지 그 이유를 알지 못합니다. 그리하여 그 권한이 마치 위에 있지 않은 것과 같은 점이 있습니다. 어째서 그렇게 말하겠습니까.

다스려진 세상의 문장이 바야흐로 구름이 일어나고 노을이 피어나는 것과 같을 때를 당하여서는, 서로 앞다투어 스

* "장璋과 같고 규圭와 같으며, 취함과 같고 쥐여 줌과 같다." 하였는데, 이는 윗사람이 아랫사람을 교화하는 것이 아주 수월한 것을 비유한 시이다. 『시경』「대아大雅·판板」.

스로 갈고 닦는데 이것은 반드시 위에 있는 사람이 부서기회簿書期會하여 권장하고 독려함이 있어서 그런 것은 아닙니다. 그리고 쇠퇴한 세상의 문장이 바야흐로 참외가 터지고 물고기가 썩어 나가는 것과 같을 때를 당하여서는 날이 갈수록 자잘하고 좀스럽게 되는데, 이것은 반드시 위에 있는 사람이 과조명계科條命戒하여 금지시키는 것이 없어 그런 것은 아닙니다.

무릇 성대하게 되는 것은 권장하지 않아도 저절로 흥성하는 법이며, 쇠퇴해지는 것은 아무리 금지하여도 막을 수가 없는 법입니다. 그런즉 그 권한이 과연 윗사람에게 있다고 할 수 있겠습니까.

아, 문장은 성대해지고 쇠퇴해지는 것이 있습니다. 세도世道 역시 그에 따르는 법입니다. 그런즉 그 관계가 긴중함은 실로 예악禮樂이나 정벌征伐과 더불어 서로 엇비슷하여 크게 차이가 없는 것입니다. 그런데도 예악과 정벌의 권한에 대해서는 반드시 윗사람에게 있다고 하면서도, 문장의 권한에 대해서만은 유독 윗사람에게 있지 않다고 하는 것은, 신은 그 말을 감히 믿지 못하겠습니다.

신은 매번 당대의 문장이 시들해져서 떨치지 못하며 공교로워서 마땅치 않은 것을 보고는, 일찍이 그것을 위하여 크게 두려워하고 몹시 걱정하면서 탄식하지 않은 적이 없습니다.

그런데 그 두려움은 문장에 대해서만 있는 것이 아니라, 사람에 대해서도 있으며, 사람에 대해서만 있는 것이 아니라, 세도에 대해서도 있었습니다.

이에 그 권한이 위에 있는 것 같지 않으면서도 실로 위에 있는 것에 대해 깊이 탐구해 보고서 한번 주광黈纊의 아래에서 말씀드릴 생각을 하였습니다. 그러면서도 도리어 말이 미치광이와 같고 일이 참람스러운 탓에 입을 다물고 있으면서 감히 말하지 못한 지가 오래되었습니다.

지금 우리 주상전하께서 덕음德音을 내리고 명지明旨를 내리시어 문체를 변화시킬 생각을 가지고 물으시었습니다. 그러면서 가슴속에 품고 있는 생각을 진달하라고 하셨으니 이를 계기로 하여 제 견해를 말씀드릴 수 있게 되었습니다.

신이 삼가 성상께서 내리신 책제策題를 읽어 보았습니다. 먼저 '문장은 한 시대의 체제가 있어서'라고 한 곳에서부터 '점차 풍습으로 굳어져서인가?'라고 하신 데까지에 대해서, 제 견해를 말씀드리겠습니다.

신은 절을 올리고 장엄하게 읽어 보고서는 전하께서 문운文運이 홍성하고 쇠퇴하는 것에 마음을 두고 있으며, 전 시대 철인들이 저술한 것에 대해서 뜻을 두고 있다는 것을 알았습니다. 전하께서 비추어 보시는 앞에서는 모든 사물이 참모습을 숨길 수가 없을 것입니다.

신이 삼가 생각해 보건대, 한 시대의 문장에는 반드시 한 시대의 체재體裁가 있습니다. 세도世道가 융성해지면 문장도 그에 따라 융성해지고, 세도가 낮아지면 문장도 그에 따라 낮아집니다. 그런즉 그 문장에 대해서 논하는 것은 바로 세도에 대해서 논하는 것입니다. 어째서 그렇겠습니까.

역대 이래로 시대마다 그 시대의 문장이 있었는데, 격력格力*이 높고 낮음은 같지 않았고, 의상意象*의 깊고 얕음은 혹 달랐습니다. 그러나 한 시대 속에서 살펴본다면, 나라가 건국되어 융성하는 즈음을 당하여 그 성대함을 표현한 자들의 경우에는, 그 문장이 반드시 홍랑전아鴻朗典雅*하여 울연히 성대한 소리를 내는 아름다움이 있습니다. 이에 반해 말세 세상의 쇠퇴한 시기를 만나 그 소리를 잡았던 자들의 경우에는, 그 문장이 반드시 섬검부경纖儉浮輕*하여 어지러워서 시들하고 잔다란 기운이 있습니다.

그러므로 문학 작품을 살펴보아서 심후하고 아름다워 전형典刑이 확연히 드러나 있으면, 그것은 다스려진 세상의 문장

* 격력은 시문의 격조格調와 기세氣勢를 말한다.
* 의상은 의경意境과 같은 말로, 문예 작품이나 혹은 자연경관 중에서 표현되어 나오는 정조情調와 경계境界를 가리킨다.
* 홍랑전아는 문장을 평가하는 말로, 홍랑은 문장이 드넓으면서도 밝은 것을 말하고, 전아는 문장이 고아하면서 속되지 않는 것을 말한다.
* 섬검부경은 문장을 평가하는 말로, 섬검은 졸아들어서 인색한 것을 말하고, 부경은 부박하여 가벼운 것을 말한다.

이라는 것을 알 수가 있습니다. 그 반면에 문학 작품을 살펴보아서 신기하게 하면서 꾸미기만 하여 흐트러진 채 통기統紀가 없으면, 그것은 쇠퇴한 세상의 문장이라는 것을 단정 지을 수 있습니다.

문체책은 정조의 문체반정과 연관하여 이가환의 문학관에 대한 입장을 잘 보여 준다. 문체 문제에 개입하려는 정조의 물음에 이가환은 적절한 논리적 근거를 제시하였다. 문체는 당대의 세도를 반영하고 그 세도를 주재하는 국왕에게 달렸다고 논지를 펼쳤다. 예악과 정벌에 대한 책임이 국왕에게 있다면, 문장의 성쇠에 대한 책임도 국왕에게 있다고 주장하였다. 이로부터 몇 년 후인 1792년 문체반정이 일어난다. 정조는 『열하일기』를 읽고서 못마땅하던 차에 때마침 부교리 이동직이 이가환을 규탄하는 상소를 올렸다. 정조는 오히려 이가환은 두둔하고 박지원에게만 책임을 물었다.

제7장

평가

이가환에 대한 기록은 남아 있는 것이 많지 않다. 정약용의 「정헌묘지명」은 이가환에 대한 가장 충실한 기록 중 하나이다. 여기에서는 이가환의 생애뿐 아니라 남인의 정당성을 밝히고 있다. 또 『홍재전서』와 『조선왕조실록』에 정조와 이가환의 관계가 매우 상세히 나와 있다. 그에 대한 정조의 총애가 어느 정도였는지 뚜렷하게 확인이 된다.

정약용의 정헌묘지명
貞軒墓誌銘

공의 이름은 가환家煥, 자는 정조廷藻이니 여흥 이씨驪興李氏이다. 이씨는 조선조에 이르러 대대로 크게 명성을 떨쳤는데 그 종족이 옛 정릉골에 살았기 때문에 세상에서는 정릉 이씨貞陵李氏라고도 한다. 10대조 계손繼孫은 병조 판서를 지냈고, 5대조 소릉小陵 상의尙毅는 의정부 좌찬성을 지냈으며, 그 손자 매산梅山 하진夏鎭이 홍문관 제학을 지냈다. 매산의 아들 여섯 사람 중에 셋이 현달하였으니, 맏이인 옥동玉洞 서漵는 찰방을 지냈고, 둘째인 섬계剡溪 잠潛은 벼슬하지 않은 선비로서 상소하였다가 죽음을 당하였으나 뒤에 사헌부 집의에 추증되었으며, 막내인 성호星湖 익瀷은 경학經學으로 천거되어 선공감역을 지냈다. 성호의 형 침沈이 바로 공의 조부로, 계부 명진明鎭에게 양자로 들어갔다. 침이 용휴用休를 낳았는데, 진사시에 합격하였으나 대과에 응시하지 않고 문장에 전념하여 우리나라의 속된 문체를 버리고 힘써 중국의 문체를 추가하였다. 그의 문장은 기이하고 웅장하며 새롭고 정교하여, 요컨대 우산虞山 전겸익錢謙益이나 석공石公 원굉도袁宏道에 못지않았다. 혜환 거사惠寰居士라 자호自號하였다. 원릉元陵 영조의 능호 말엽에 으뜸가는 명성을 날려 문장을 절차탁마하고자 하는 자들이 모두 찾아와서 질정하였다. 그러므로 벼슬하지 않는 선비로서 30년 동안이나 문단의 주도권을 쥐었으니, 이는 예전에도 없었던 일이다. 그러나 우리나라 선배들의 문자에 대해서 너무 심하게 흠을 잡았기 때문에 속류俗流의 원망을 사기도 하였다.

공은 약관의 나이에 태학에 들어갔는데, 월과月課에서 매년 시詩로 합격하여 원근에 소문이 자자하였다. 얼마 되지 않아 회시會試 양장兩場에 합격하고, 또 정종의 즉위를 축하하는 증광시에서 급제하고, 제조의 낭관으로 특별히 승진되고, 중비中批로 사헌부 지평에 제수되었다. 1785년정조 9에는 봉상시정 지제교에 제수되어 명을 받들어 『대전통편』을 편찬하였는데, 매번 연석筵席에 오를 때마다 부연하여 아뢰는 것이 자세하고 분명하였으며, 근거로 인용한 것이 해박하였다. 하루는 임금께서 그가 물러 나가는 모습을 보고 있다가 말씀하셨다.

"저런 사람을 어찌 끝내 등용하지 않을 수 있겠는가."

듣는 자들은 크게 꺼리면서도 그가 등용될 것을 알았다.

이때 번옹樊翁 채제공이 당인黨人 노론에게 쫓겨나 도성 밖에서 머무니, 채홍리蔡弘履·목만중睦萬中 등이 모두 번옹을 배반

하고, 지조가 확고하지 않은 자들은 양쪽 사이에서 눈치를 살폈다. 그러나 공은 홀로 정론正論을 가지고 정범조丁範祖·유항주兪恒柱·윤필병尹弼秉 등과 함께 지조를 굳게 지키며 변치 않았다. 뒤에 번옹이 10년 동안 집정할 때 도움을 받을 수 있었던 것은 모두 이 몇 사람의 힘이었다. 그 간에 『대전통편』을 편찬한 공로로 특별히 승지에 올랐으나 이내 정주 목사로 나갔다. 정주에 부임해서는 정치가 깨끗하고 명성이 드높았으나, 시론時論에 영합하기를 바라는 어사가 도리어 공에게 죄가 있다고 아뢰어 파직시키고 김화현으로 귀양 보냈다.

공은 행동이 엄정하여 상중喪中에 있는 3년 동안 중문中門 안에 들어가지 않았다. 벼슬이 상경上卿에 이르렀으나 집은 벽이 갈라지고 창문이 엉성하였으며, 가난하고 검소한 생활 태도가 벼슬이 없을 때와 같았다. 저서로 『금대관집錦帶館集』 10책이 있는데 글의 편 수는 자세히 알 수 없다. 부인 정씨鄭氏는 고故 판서判書 운유運維의 따님이다. 딸 둘을 키웠는데, 큰딸은 탄옹炭翁 권시權諰의 후손인 권구權耈에게 시집가고, 작은딸은 복암茯菴 이기양李基讓의 아들 이방억李龐億에게 시집갔다. 육촌형六寸兄 구환九煥의 아들 재적載績을 양자로 삼았다. 재적은 아들 형제를 두었는데 이미 모두 성인이 되었다.

공은 1742년영조 18에 나서 1842년헌종 8에 죽었으니 향년

60세였다. 묘는 덕산德山 장천長川 충청남도 예산군 고덕면 상장리 서쪽 언덕에 있다.

명銘은 다음과 같다.

하늘이 영웅호걸 내시니	天降英豪
사람 중에 뛰어나	秀拔人群
무성한 잡초 속에	雜草蓊鬱
송백처럼 우뚝했네	松栝干雲
겹겹의 바위산에	巖磤壘壘
옥돌이 끼었으니	介以瑤琨
똑같은 무리 속엔	億貌齊同
다른 것이 홀로 높네	殊者獨尊
별의 정기 달의 광채	星精月彩
한 가문에 모였다가	萃于一門
마지막에 공에게서	公生最晩
명성이 이루어졌네	聲集諸昆
배 속에는 만 권의 책 담겨 있고	胸韜萬軸
한 번에 천 마디를 토해 냈네	一吐千言
수학에 뛰어나	句股弧角
호리豪釐를 분석했고	縷析毫分
훌륭한 재주로	鴻毛龍鬣

일세를 드날렸네　風掣雲奔
군신 간의 만남이 친밀하니　際會旣密
참소하는 말들이 분분했네　謠諑其紛
참소하는 사람이 매우 많아도　讒夫孔昌
임금의 은총은 더욱 깊었네　睿照彌敦
문단의 주도권을 잡게 되자　登壇執牛
원망하는 무리 벌떼처럼 일어났네　怨師蠭屯
뜻밖에 임금이 일찍 승하하니　雲游肇擧
사나운 불길이 언덕을 태워　火烈燎原
길에 가득한 죄인들　赭衣塞路
형구 찬 채 죽어 갔네　三木收魂
귀신 같은 무리 뜻을 얻어 활개 치고　鬼魖中逵
범처럼 사나운 자가 궁문을 지키고 있네　虎守天閽
만물은 끝내 모두 죽는 것이니　萬物同歸
공만이 홀로 원통한 것은 아니리　公無獨冤

정약용은 자신에 대한 자찬묘지명 2편을 포함해서 모두 27명의 생애를 기록한 총 28편의 묘지명을 지었다. 이 중에 7편은 신유사옥辛酉邪獄에서 희생당한 사람들의 변론을 담고 있다. 「정헌묘지명」은 1818년 9월 이후에 지은 것으로 보이는데, 이가환에 대한 가장 상세한 기록이다. 특히 끊임없이 이어지는 노론의 공격, 언제나 자신을 변호해 주는 정조, 든든한 후원자였던 채제공의 모습까지 당시의 정국이 생동감에 있게 그려져 있다.

1793년 1월 24일에 이가환은 종조인 이잠을 변호하는 상소를 올렸다. 이잠의 일은 자신과 자신의 가문을 옥죄는 굴레였으니 한 번쯤 적극적으로 소명하고 싶었던 마음이야 이해가 간다. 『어정황극편御定皇極編』은 조선 시대의 당쟁과 관련된 사실들을 편년체로 엮은 책이다. 여기에 이잠의 억울한 일들이 해명되는 논지의 내용이 있었던 것 같다. 이가환의 상소문은 논란을 잠재우기보다는 오히려 논란을 증폭시켰다. 이것을 빌미로 이가환을 공격하는 상소가 더욱 빗발치게 된다.

1795년에는 정조가 채제공, 이가환, 정약용 등 남인을 대거 기용하였다. 이때 좌의정에 채제공을, 공조 판서에 이가환을, 우부승지에 정약용을 각각 임명하였다. 이로써 채제공, 이가환, 정약용을 중심으로 정국을 운영하려는 계획이 완성된 셈이다. 규장각에 그들이 상시 머무를 수 있는 자리를 마련해 주는 등 이들에 대한 정조의 애정은 각별하였다. 정조의 남인들에 대한 애정이 깊어질수록 반대파의 질시와 분노도 더욱 심해졌다. 이해에 이가환은 서학교도로 지목되어 노론의 줄기찬 공세를 당하였다.

1797년 기록에는 더욱 흥미로운 사실이 많이 나온다. 채제공과 이가환이 반목한다는 소문이 공공연하게 세상에 퍼지고 정조의 귀에까지 들어갔다. 실제로 채제공이 이가환과의 결별을 숙고했던 것인지, 아니면 복잡한 정치적 상황 탓에 몸을 사린 것인지 확인할 수는 없다. 그런데 윤필병, 이정운이 채제공에게 답교를 청하자 병을 핑계 삼아 권엄의 집으로 보내는 일은 대단히 의미심장하다. 후에 신유옥사가 일어났을 때 권엄은 한직인 지중추부사로 있었는데 이가환, 이승훈, 정약용 등 천주교 신자에 대한 극형을 주장하였고, 윤필병은 호군의 직책으로 백여 명을 거느리고 척사소를 두 번이나 올렸다. 또한 서학을 배척해 1802년 이가환, 이승훈의 가족을 노비로 삼아야 한다고 주장하였다. 아마도 채제공은 이들의 낌새를 미리 짐작하고 일정한 간격을 두었던 것 같다. 이가환은 권엄, 윤필병, 이정운 등과 모두 친분이 있어서 그들에 대한 시를 남겼지만, 결국 결정적인 순간에 그의 등에 칼을 꽂았다.

채제공은 예전부터 이가환을 자신의 후계자로 생각하고 있었고, 정조는 이러한 사실을 예견하고 있었다. 그런데 채제공과 정조가 공통적으로 걱정하는 일이 하나 있었으니 1793년 1월에 이가환이 이잠을 변호하여 올린 상소였다. 아주 민감한 시기에 반대파에게는 좋은 빌미를 제공한 셈이었다. 채제공과 정조가 연이어 세상을 떠나고, 끝내 이가환은 불행한 죽음을 맞게 된다.

성대중의 평가

심익운沈翼雲은 세상에 보기 드문 재사이다. 그의 아비 심일진沈一鎭은 범상한 사람으로 아들 셋을 두었는데, 맏이는 상운翔雲, 둘째는 익운翼雲, 막내는 영운領雲이다. 형제끼리 가르쳐 주기도 하고 친구처럼 지내기도 하였다. 모두 시문을 잘했는데 심익운이 가장 뛰어났다. 심상운과 심익운은 다 대소과大小科에 급제하였는데, 가문의 허물로 인해 뜻을 펼칠 수 없게 되자 심익운은 이를 분통해 하여 마침내 한 손가락을 잘라서 세상과 인연을 끊을 것을 맹세하였다. 그 뒤로 그의 시는 더욱 격정이 넘쳐나고 까다로우며 원망하고 불평하는 내용이 많아졌으므로 그의 재주를 아끼는 사람들은 대부분 그를 동정하였다. 그런데 끝내는 심상운의 죄에 연루되어 제주로 귀양 가서 죽었고 심상운은 처형되었다. 정조가 인재를 사랑하고 양성하여 아무리 사소한 재능을 지닌 자라도 모두 등용되었는데, 유독 심익운 형제만은 자신의 재주를 과신하여 느긋하게 때를 기다리지 못하였으니, 그들이 화를 당한 것은 실로 자초한 것이었다.

대체로 덕을 넘어서는 재주는 반드시 자신에게 재앙을 가져온다. 이가환은 노긍盧兢을 꺼렸고 노긍은 심익운을 꺼렸는데, 이가환의 박학다식에는 노긍이 미치지 못했으나 학문의 조예는 이가환을 능가하였고, 심익운의 재주는 또 노긍보다 한 수 위였다. 그러나 이가환은 사학邪學 천주교 을 신봉한 역적죄로 처형당하였고, 노긍은 어떤 사건에 연루되어 위원渭原에 유배되었다가 사면되어 돌아왔으나 끝내 굶주림 속에 죽었으며, 심익운 역시 귀양 가서 죽었으니, 모두 자신의 재주 때문에 이 지경에 이른 것이다.

심익운은 평소 나와 교유가 없었는데 김배와金坯窩 김상숙金相肅의 처소에서 나의 『역송易頌』을 보고는 그에 대해 매우 높은 평가를 했었다. 나 역시 그의 『역찬易贊』을 기억하는데, 비록 『역易』을 안다고 할 수는 없었으나 문장은 매우 뛰어나 세속의 선비가 지을 수 있는 수준이 아니었다.

성대중의 『청성잡기』 성언醒言에 나오는 글이다. 성대중은 재승박덕才勝博德의 선비로 노긍, 심익운, 이가환 등 세 명을 꼽았다. 세 사람 모두 탁월한 재주를 지녔던 인물이다. 그러나 이가환은 서학쟁이로 몰려서 죽음을 당했고, 심익운은 형인 심상운의 사건에 연루되어 제주로 귀양 가서 죽었으며, 노긍은 과거 시험장에서 답안지를 팔았다는 죄목으로 평안도 위원에서 6년 동안 유배 생활을 하였다. 이 기록에서도 역시 이가환의 박학에 대해서 언급하고 있다. 전반적으로 부정적인 평가이기는 하지만 그만큼 탁월한 재능을 지녔다는 증거이기도 하다.

이가환을 위한 정조의 변론

副校理李東稷論李家換疏批

먼저 이가환에 관한 일부터 말하는 것이 좋겠다. 그대는 이가환의 문체가 경전을 경시했다는 것으로 얘깃거리로 삼았는데, 이는 곧 내가 한번 말하고자 하면서도 그 기회를 얻지 못했던 것이다. 그런데 그대가 말을 하였으니, 이야말로 이른바 가려운 곳을 긁어 준 셈이다.

우리나라가 비록 작기는 하지만 팔역八域에 많은 사람이 살고 있다. 그들을 다스리는 방도는 날아다니는 것들은 나는 대로, 물속에 잠겨 사는 것들은 잠겨 사는 대로 그 본성을 거스르지 않게 하고 모난 것은 모난 대로 둥근 것은 둥근 대로 그 기량에 따라 알맞게 쓰는 데 불과할 따름이다. 이것이 곧 형세로 인하여 유리하게 인도하는 방법인데, 그 속에 자연히 회극會極과 귀극歸極의 오묘함이 있는 것이다. 이를 넓은 천하에 비유하자면, 곧 주 부자朱夫子의 문장이 천지天地 풍운風雲과 같이 권도와 정도를 적절하게 쓰고 천지의 기운을 여닫을 만한 대역량大力量을 소유하여 오계五季 당나라 말엽의 오대五代 시기의 누추함을 완전히 씻어 내고 천인千人의 대군을 깨끗이 쓸어 낸 것과 같은 셈이다. 그 지취旨趣는 곧 고기를 씹는 맛이고 그 용도는 곧 포백布帛처럼 요긴하여, 그 글을 읽게 되면 마음이 상쾌하고 후련하기가 마치 증점曾點의 비파 소리와 안자顔子의 거문고 소리를 듣는 듯하다. 그리하여 한번 책을 펼치면 종묘와 백관을 보는 듯이 성대하고 장엄하다. 그러나 당시에 오히려 왕양명王陽明과 같은 사람이 있어 도道에 가까운 자질을 지니고서도 잘못을 지나치게 바로잡는 과실을 범해 오로지 양지良知에만 전력하고 요점으로 돌이키기에만 힘쓰면서 묻고 배우는 일은 아예 덮어 두었다. 태원太原에서 뛰놀던 말이 총령葱嶺*의 사이를 마음껏 내달리고 어디서 온 것인지 알 수 없는 깃발이 시내와 벽루壁壘에 광채를 빛내는 듯하였으나, 마침내는 성인의 문하에서 거절을 당하였던 것이다. 또 더구나 이보다 못한 잗다란 패관 소품으로서 저속하고 음란한 것들을 사람마다 떠들썩하게 읊어 대지만, 그것은 마치 구자龜茲나 부여夫餘 같이 작은 나라들이 각기 제 나름대로 모양을 갖춘 듯하여도 모기의 눈썹이나 달팽이의 뿔처럼 보잘것없는 것과 같다. 그런데 그것을 집집마다 찾아가서 오류를 바로잡고 사람마다 그 어긋남을 고쳐 주도록 하자면 임금된 자가 너

* 총령은 파미르고원에 뻗어 있는 산맥으로, 북으로 뻗은 줄기가 서역西域 지방을 동서로 지나면서 천산 산맥과 잇닿아 있다. 불교가 서역에서 왔으므로, 보통은 불교 또는 불교적인 색채를 이른다.

무 힘이 들지 않겠는가.

내가 근일에 치세에 관한 좋은 말을 듣고자 하여 맨 먼저 나이 젊은 한두 문신들을 등용하여 일깨우고 경계시키도록 하였는데, 만의 하나일망정 송宋을 버리고 월越에 가거나 중화中華 문물을 야만 풍속으로 변화시킴으로써 정도를 말미암지 않고 본말을 전도시키는 것이 있었다면, 문교文敎를 펴는 데에 해가 되고 그 선대의 사업을 욕되게 한 셈이니, 어찌 다만 뜻하지 않은 작은 과오에 그치겠는가. 그들은 혁혁한 명문가의 자제로서 눈 깜짝할 사이에 성균관 대사성과 홍문관·예문관의 제학을 손쉽게 차지하게 될 것이니, 과거를 주관할 때에 선비들을 그르치고 글을 윤색할 때에 왕언王言을 욕되게 한다면, 이야말로 이른바 현악기로 저속한 노래를 연주하고 술을 질항아리에 담는 셈이다. 성균관과 관각을 줄곧 이들이 무너뜨리는 대로 맡겨 두었다면 아주 멀리 내친다 하더라도 어찌 속죄될 수 있겠는가.

이가환으로 말하자면, 일찍이 집안의 운수가 좋지 않은 것도 아니었는데 백 년 동안 벼슬길에서 밀려나 수레바퀴를 깎고 구슬을 꿰듯이 학문과 문학을 연마하며 스스로의 분수를 나그네나 촌사람으로 자처하였던 것이다. 그러다 보니 나오는 소리가 비분강개하는 말들이고, 마음에 맞아 어울린 자들이 우스개나 일삼고 이상한 짓을 하는 무리였던 것이다. 주변이

외로우면 외로울수록 말은 더욱 괴팍해졌을 것이고, 말이 괴팍해질수록 문장도 더욱 엉뚱해졌을 것이다. 오색 무늬로 수놓은 고운 문장은 당대에 태양을 보고 사는 자들에게 양보해 버리고 이소경離騷經이나 구가九歌를 빌려다가 흉내 냈던 것이니, 어찌 이가환이 좋아서 그랬겠는가. 조정이 그렇게 하도록 만든 것이다.

마침내 내가 기자箕子께서 복을 모아 백성들에게 나누어 주신 기자의 홍범洪範을 준행하고 선왕께서 남기신 거룩한 공적과 신비로운 교화를 계승하여, 연침燕寢의 편액에 '탕탕평평실蕩蕩平平室'이라고 크게 쓰고 '정구팔황庭衢八荒'이라는 네 대자大字를 여덟 개의 창문 위에 두루 써 붙이고서 아침저녁으로 이를 돌아보며 맹세하였다. 그리하여 시골의 남루한 선비들을 외진 곳으로부터 뽑아 올렸는데, 이가환은 단지 그 가운데 한 사람일 뿐이었다. 그런데 지금 한두 사람의 별안간 상도를 어긴 자들과 동일하게 취급하여 똑같이 배척한다면 이가환은 유독 억울하다고 여기지 않겠는가. 또 더구나 저 사람은 배척해야 하는데도 배척하지 않고 이 사람은 배척하면 안 되는데 배척하였으니, 그게 어디 될 일인가.

그리고 그 밖에 내 뜻을 이 기회에 말해 둘 것이 있다. 재주가 있는데도 없는 사람처럼 취급되고 뜻을 품고도 스스로 시험해 볼 길이 없어서 기꺼이 초목과 똑같이 썩어 가는 자는 세속에서 이른바 '서얼'이라고 하는 자들이다. 인륜의 떳떳한 의미를 알고 싶어 도리어 천 리 밖의 우리와 다른 풍속을 흠모하고, 함께 나아가 벼슬할 수 없다는 것을 알고서 열여섯 사람이 분개한 이야기를 즐겨 보는 것이다. 시문을 짓는 지엽적인 일에서도 걸핏하면 그것을 묘사하고 은연중에 얘기하여, 능히 초연하게 그 속에서 빠져나오는 이가 드물다. 이 또한 조정의 책임이지 그들의 죄가 아니다. 성대중成大中과 오정근吳正根이 공경히 올바른 길에 나아간 것을 내가 평소 좋아하였기에 점수를 이중二中으로 쓰고 포상하는 뜻으로 윤음을 내렸고, 박제가朴齊家와 이덕무李德懋로 말하자면 단점을 버리고 장점을 써서 양지陽地로 향하는 창문을 열어 주었다. 또 성대중과 박제가 따위는 놔두고라도 운 좋게 이름을 드날린 자로서 위항에 따로 최립崔岦이 있는데, 사람들은 그를 뛰어나다고 한다. 하늘이 인재를 내는 것은 지위로 한정하지 않는 것이다. 또 어찌 최필공崔必恭이 스스로를 그르치고 그 무리까지 무수히 그르쳐 놓았던 일*을 살피지 않는가. 이는 모두 이른바 그 본성을 거스르지 않고 각기 그 기량에 적합하게 해 줌으로써 그들이 다 함께 회귀하는 데 이를 수 있도록 기약하는 묘책이다.

* 최필공이 1780년정조 14 천주교에 입교했다가 1791년 신해박해 때 배교했던 것을 두고 한 말이다. 곧 다시 뉘우치고 신앙생활을 하다가 뒤에 1799년 체포되어 정조의 신문을 받았으며, 1801년 신유박해 때 처형되었다.

내 다시 그대에게 말하노니, 그대는 이가환을 말하지 말라. 이가환은 바야흐로 골짜기로부터 나와 높은 나무에 올랐고 썩은 두엄에서 새롭게 변화한 셈이니, 그의 마음속으로부터 나오는 소리가 점차 훌륭한 경지에 들어가지 못할 것을 어찌 걱정하는가. 설사 이가환이 재주가 둔하여 사흘이 지나도록 괄목할 만한 인재가 못 되더라도 그의 아들이나 그의 손자가 또 어찌 반드시 매번 남에게 양보만 하고 스스로 자신의 목소리를 훌륭하게 내지 않겠는가. 맹단盟壇에 올라 주도권을 쥐고서 기나긴 밤술에 취해 꿈속에서 다시 대일통大一統의 권한을 밝히는 것을 자기의 소임으로 삼을 것이라고 나는 본다.

무릇 사람은 준수한 자도 있고 용렬한 자도 있는데, 먼저 깨닫고 뒤에 깨닫는 차이가 있으나 깨닫는 것에 있어서는 똑같다. 비록 더러 미욱하여 벗어나지 못한 자가 그 사이에 끼어 있더라도 이는 단지 태양 앞의 횃불과 같고 군자 앞의 소인과 같고 황곡黃鵠 앞의 땅 벌레와 같은 셈이니, 주인은 주인 노릇을 하고 객은 객 노릇을 하면 그것으로 족한 것이다.

그러므로 성인이 『시경』 311편을 엮으면서 상간桑間, 복상濮上의 음란한 시들을 법도에 맞고 의미가 심장한 대아大雅 사이에 나란히 끼워 놓은 것이다. 오늘의 이 자세한 깨우침을 들은 자가 다른 사람을 이해하려는 마음을 일으키고 완벽하기를 요구하는 각박함을 경계하며, 저도 모르게 날마다 선으로 옮겨가서 집집마다 아름다운 소리가 있게 된다면, 나는 그것이 하늘에 우리나라의 운명을 영원하도록 기원하는 근본이라고 말할 것이다.

정조의 시문집인 『홍재전서』 권43 비답批答에 나오는 글이다. 정조는 문체반정을 일으켜 문풍을 쇄신하려 하였다. 과거 답안지를 불순한 문체로 작성하였다는 이유로 이옥을 과거에 응시하지 못하게 했다. 또, 남공철·이상황·김조순·심상규 등 벽파의 여러 신하가 견책을 받고, 자송문自訟文을 지어 바쳤다. 시파時派에 속하는 이덕무와 박제가도 자송문을 지어 바쳤다. 1792년 부교리 이동직이 상소를 올려 박지원과 이가환을 공격하면서 문제가 다시 불거졌다. 다음은 이동직이 올린 상소의 한 대목이다.

이가환 같은 자는 채제공에게 빌붙어 그의 후원을 받아 왔으면서도 역모의 진상이 낭자하게 드러난 오늘까지 그의 당여黨與로서의 처벌에서 빠져 있으니 행운이라 할 것입니다. 그런데도 그는 외람되이 벼슬자리에 머물러 있으면서 대각의 바른 논박도 무시하고 대신들이 소를 올려 배척하는데도 아랑곳하지 않고 의기양양하게 염치 불고하고 부임하였으니, 그 방자하고 기탄없는 것이 비록 그들이 늘 하는 버릇이라고는 하지만 도대체 인간의 수치스러운 일을 모르는 자들이라 하겠습니다. 국가에서 전후로 인재 선발을 하면서 단지 문장 한 가지만을 보고 하였지만 괴이한 귀신 같은 무리라면 비록 하찮은 재예才藝가 있다고 치더라도 그것을 가지고 죄를 가릴 수는 없는 것입니다. 하물며 그들의 문장이라는 것이 학문상으로는 대부분 이단異端 사설邪說들이고 문장이라야 순전히 패관 소품을 숭상할 뿐입니다. 누구나 알고 있는 경전을 언제나 별 쓸모없는 것으로 보고 있으니 그들의 문장은 문장이라고 말할 수도 없습니다. 이단을 물리치고 정도를 지키는 이때에 그러한 무리를 그냥 내버려 두고 논의하지 않을 수 없습니다. 신은, 가환에게 성균관을 관리하도록 제수한 명을 아울러 환수하고 이어 사판에서 그 이름을 삭제하여 세도를 위하고 명기名器를 소중히 여기는 뜻을 보여 주어야 한다고 생각하는 바입니다.

『정조실록』 16년(1792) 11월 6일

그렇지만 정조의 서슬 시퍼런 질책은 이가환에게 만큼은 예외였다. 그의 문체에 보이는 불온성은 가문과 개인의 불우에서 말미암았다며, 오히려 조정이 그를 그렇게 만들었다고까지 말을 한다. 총애도 이런 총애가 없을 정도다. 이가환을 공격하는 무수한 상소에도 철저히 이가환을 비호한 일은 쉽게 이해하기 어렵다. 이가환의 천재성에 대한 개인적인 호감 때문이었는지, 정국을 재편하는 데 꼭 필요했기 때문인지는 분명치 않다. 그렇지만 어떠한 이유에서든지 정조가 이가환을 특별히 아꼈던 사실만큼은 확실하다.

정조는 서얼 문제도 언급하였다. 1415년태종 15에 만들어진 서얼금고법庶孼禁錮法으로 인해 서얼은 과거에 응시조차 할 수 없었고, 한품서용법限品敍用法으로 인해 일정한 품계 이상으로 임용하지 못하였다. 정조는 누구보다 서얼에게 관대하여서 그들을 적극적으로 등용시켰다. 정조는 4검서四檢書로 활약했던 이덕무, 박제가, 서이수, 유득공 등을 발탁한 바 있다. 이 대목에서 정조가 서얼 이야기를 꺼낸 이유는 무엇일까. 서얼도 주저 없이 서용하는데 이가환을 마다할 이유가 없음을 밝히려 한 것으로 보인다.

황사영백서에서

黃嗣永帛書

이가환은 문장이 세상에서 뛰어났고, 정약용은 재주가 남보다 뛰어났으므로 1795년정조 19 이전에는 선왕이 그들을 총애하여 신임하였으나 그 이후에는 점차 소외당해 버림을 받았다. 그럼에도 이 두 사람은 벽파가 매우 꺼려 반드시 해치려고 하였다. 이가환 등이 믿던 종교를 등지고 그 종교에 해를 끼쳐도 벽파의 사람들은 늘 사당邪黨으로 배척하고 지목하여 참소와 공박을 다했는데, 선왕께서 매번 감싸 주어서 벽파들이 제멋대로 해칠 수는 없었다.

이가환은 어릴 때부터 재주와 지혜가 뛰어났으며, 장성해서는 체구가 크고 훤칠하였다. 문장은 온 나라 안에서 최고였으며, 읽지 않은 책이 없고 기억력이 좋아 신과 같았다. 또 천문학과 기하학에도 정통하였는데, 일찍이 그는 탄식하며 말하였다.

"내가 죽고 나면 조선에서 기하학은 종자가 끊어질 것이다."

어려서부터 이기理氣의 학문을 믿었던 그는 매번 하늘을 쳐다보고 말없이 탄식하였다.

"이처럼 거대한 만물의 배치를 어찌 주재하는 이가 없다고 할 수 있겠는가."

서른 살 무렵에 진사가 되고 대과에 급제하였는데, 선왕이 중시하였다. 갑진·을사년1784~1785 무렵에 이가환은 이벽李蘗 등이 천주교를 믿고 따른다는 말을 듣고 꾸짖으며 말하였다.

"나도 몇 권의 서양 서적을 보았는데 그의 집에 『직방외기職方外紀』, 『서학범西學凡』 등의 책이 있었다. 기이한 글과 괴벽한 책에 지나지 않았다. 다만 내 식견을 넓힐 수 있을 뿐이지, 어찌 마음의 평화를 얻을 수 있는 것이겠는가."

이에 이벽이 이치에 맞게 대답을 하자 이가환이 말문이 막혀 마침내 책을 구해다가 꼼꼼히 읽었다.

선왕도 어찌할 수 없이 이승훈을 예산으로 귀양 보내고 이가환을 충주 목사로 좌천시켰다. 충주에 어떤 교우가 있어 비난을 많이 받아 왔다. 그런데 이가환은 엄한 형벌로 다스리며 배교하라고 강압적으로 명령했다. 교우에게 주리를 사용한 것도 이가환에게서 비롯된 것이다. 또한 관기를 들여다가 첩으로 삼았는데, 이 모든 것은 다 비방에서 벗어나려고 한 일이었다. 그러나 그 뒤로는 벼슬길이 막히고 버려져서 다시 등용되지 아니하였으므로 집에 틀어박혀 글 짓는 일을 즐거움으로 삼았다. 그런데 그의 아내가 본래 신앙심이 깊어 딸과 며느리와 첩과 여종을 전도했는데, 혹 천주교에 관한 책이 눈에 띄어도 가환은 조사하거나 금지하지 않았다. 무오년1798과 기미년1799 사이에 지방에서 천주교 박해가 자꾸 일어난다는 말을 듣고서 자기의 소신을 은밀하게 말하였다.

"이 일은 비유하자면 막대기로 재를 때리는 것과 같아서, 때리면 때릴수록 더욱더 일어나게 된다. 상감께서 비록 막으려 하셔도 끝내 어쩔 수 없을 것이다."

처음 의금부에 들어왔을 때는 완강히 부인하였으나, 옥사를 다스리는 사람들이 모두 평소에 원망하고 미워하던 사람들이라 반드시 사지로 넣으려고 하니, 끝내 면할 수 없다는 것을 알고 드디어 본심을 인정하고 죽을 때까지 태도를 바꾸지 않았다. 혹독한 매질과 단근질하는 벌을 받다가 숨이 끊어졌으니 이때의 나이 예순 살이었다. 여섯 사람이 순교하기 며칠 전의 일이었다.

이 글은 황사영黃嗣永, 1775~1801 이 쓴 「황사영백서 黃嗣永帛書」 중에서 이가환이 서학으로 인해 벽파에게 탄압을 받았던 일에 대한 기록이다. 「황사영백서」는 신유박해의 전말과 그 대응책을 흰 비단에 적어 중국 북경의 구베아 주교에게 보내고자 했던 밀서이다. 이가환은 벽파에게 늘 눈엣가시 같은 존재였다. 그전부터 그를 정치적으로 제거하려고 시도하였고, 그러한 시도는 뒤로 갈수록 문체와 서학이라는 좀 더 확증적인 증거를 통해 노골적으로 표출되었다. 이가환이 어떤 식으로든 서학에 경도되었고, 벽파는 그것을 빌미로 삼았으며, 정조는 이들의 공격을 끝까지 막아 주려고 노력하였다. 정약용의 「정헌묘지명」에 다음과 같은 내용이 있다.

지난 건륭乾隆 갑진년1784 겨울, 망우亡友 이벽이 수표교水標橋에서 처음으로 서교西敎를 선교할 때 공이 이 소식을 듣고 말하였다.
"지난날 『천주실의天主實義』와 『칠극七克』의 책을 보니, 그 내용이 비록 좋은 가르침이기는 하나 정학正學은 아니었는데, 이벽이 이 서교로 오도吾道를 변역시키고자 하는 것은 무엇 때문인가?"
드디어 수표교로 가서 이벽을 꾸짖었으나, 이벽이 능란한 말솜씨로 서교를 설명하며 자신의 주장을 철벽처럼 고수하므로 공은 말로 다툴 수 없음을 알고 드디어 발을 끊고 가지 않았다. 이 뒤로는 공에게 의심할 만한 흔적도 찾아볼 수 없었다. 그러나 몇 사람이 헐뜯자 모든 사람이 짖어대어 끝내 괴수라는 죄목으로 죽음을 당하였으니, 어찌 슬프지 않으랴.
세상에서는 지위가 높고 재주가 높은 사람을 영수로 삼지만 그들의 법은 그렇지 않아 신분의 귀천을 가리지 않고 오직 죽어도 신심信心을 바꾸지 않는 사람을 두목으로 삼는다. 그런데 공의 여러 차례의 소계疏啓와 옥중에서 한 말을 보면 서교를 극구 배척하였으니 공이 진실로 서교를 믿었다 할지라도 죽어도 신심을 바꾸지 않는 사람이 못되는데 어찌 괴수가 될 수 있겠는가.

이벽과 이가환은 서학을 놓고 격론을 벌인다. 사흘 밤낮에 걸친 토론에서 이벽은 이가환을 포기하게 하였고, 뒤이어 찾아온 이기양도 두 손 들게 했다. 이가환은 1791년 정조 15 신해박해 이후 천주교를 배척하는 내용의 가사 「경세가警世歌」를 짓기도 했다. 이가환과 서학의 연관성을 판단하는 일은 결코 단순하지 않다. 그가 서학에 상당히 경도되었던 것은 여러 정황상 사실로 보인다. 어쨌든 그는 자신의 과오를 씻으려고 서학과의 결별을 여러 차례 주장하였으나, 반대파의 공격을 피할 수 없었으며 끝내 목숨을 잃게 되었다.

| 연보 |

1742년 영조 18, 1세

- 서울 황화방皇華坊에서 태어났다.

1771년 영조 47, 30세

- 사마시司馬試에 합격하여 진사가 되었다.

1777년 정조 1, 36세

- 증광시增廣試에 급제하였다.
- 승문원 부정자副正字가 되었다.

1778년 정조 2, 37세

- 문신의 제술시製述試에서 수석을 차지하여 6품으로 승진되었다.
- 정조가 이가환을 불러 여러 경서의 내용을 질의하였다.

1780년 정조 4, 39세

- 비인 현감庇仁縣監이 되었다.

1781년 정조 5, 40세

- 7월 서명선徐命善의 추천으로 예조 정랑에 차임되어 『예조등록禮曹謄錄』을 수정하였다.
- 8월 특지로 지평持平이 되었다.

1782년 정조 6, 41세

- 부친 이용휴李用休의 상을 당하였다.

1784년 정조 8, 43세

- 수교찬집청受教纂輯廳 낭청郎廳이 되었다.
- 조카 이승훈李承薰이 북경에서 가져온 천주교 관련 서적을 보았다.

1785년 정조 9, 44세

- 5월 지제교知製教가 되었다.
- 10월 병조 참지로 『갱장록속편羹墻錄續編』을 편찬하는 데 선발되었다.
- 『대전통편大典通編』의 편찬을 명 받았다.
- 편찬 사업에 대한 공로로 승지에 임명되었다.

1786년 정조 10, 45세

- 7월 정주 목사定州牧使가 되었다.

1787년 정조 11, 46세

- 4월 암행어사 이곤수李崑秀의 서계書啓로 파직되고 김화金化에 유배되었다.

1788년 정조 12, 49세

- 채제공蔡濟恭이 집권하자 곧 승지로 등용되었다.

1791년 정조 15, 50세

- 윤지충尹持忠의 진산珍山 사건 때 남인南人 신서파信西派의 교주로 지목되어 광주 부윤廣州府尹으로 좌천되었다.

1792년 정조 16, 51세

- 9월 대사간大司諫이 되었으나 이잠李潛의 친족이라는 이유로 탄핵당하였다.
- 개성 유수開城留守로 전보되었다.
- 심환지沈煥之가 처벌을 청하는 상소를 올리고 이동직李東稷은 이가환의 문체를 비난하는 상소를 올렸으나 정조가 막아 주었다.

1793년 정조 17, 52세

- 1월 상소하여 종조부 이잠을 변호하니 김이소金履素, 김종수金鍾秀 등이 상소하여 처벌을 청하였다.
- 6월 형조 참판이 되었으나 체직되었다.
- 9월 대사성大司成이 되었다.

1794년 정조 18, 53세

- 1월 개성 유수 재직 시절 탐오貪汚했다는 죄목으로 관직이 삭탈되었다.
- 10월 대사성이 되었다.

1795년 정조 19, 54세

- 1월 정조의 정책 변화로 채제공, 정약용 등 규장각 출신 남인南人이 대거 기용되면서 공조 판서工曹判書가 되었다.
- 정약용과 함께 「화성정리통고華城整理通考」를 편찬하였다.
- 7월 박장설朴長卨의 상소로 조카 이승훈과 함께 서학교도로 지목되어 탄핵을 받았다. 당시 충주가 서학이 융성하였으므로 속죄의 의미로 충주 목사忠州牧使로 좌천되었다.
- 8월 대사헌 이의필李義弼의 탄핵을 받았다.

1797년 정조 21, 56세

- 도총부 도총관都摠管이 되었으나, 소명에 응하지 않았다.
- 12월 한성 판윤이 되었다.

1799년 정조 23, 58세

- 채제공이 자신의 후임으로 이가환을 추천하고 죽었다.
- 좌의정 이병모李秉模가 사학邪學의 괴수라고 탄핵했지만 정조가 막아 주었다.
- 가을, 정약용과 함께 채제공의 「번암집樊巖集」을 교정하였다.

1800년 정조 24, 59세

- 정조가 승하하고 노론 벽파가 집권하자 목만중睦萬重, 홍낙안洪樂安 등이 서학의 괴수로 지목하여 탄핵하였다.

1801년 순조 1, 60세

- 2월 9일 집의執義 민명혁閔命爀의 계사로 이승훈·정약용 등과 함께 하옥되어 국문을 받았다.
- 2월 24일 옥중에서 단식 끝에 죽었다.

* 그의 사망일은 정확하지 않다. 「정헌묘지명貞軒墓誌銘」에는 2월 24일로, 『벽위편闢衛編』에는 2월 27일, 『여주이씨세보驪州李氏世譜』에는 2월 23일로 되어 있다.

| **참고문헌** |

『시문초』 4권 4책, 국립중앙도서관 소장본, 필사본

『금대시문초』 2권 1책, 이돈형 씨 소장본, 필사본

『금대시문초』 2권 1책, 서울대학교 규장각 소장본, 필사본

『시문초』 1책, 서울대학교 규장각 소장본, 필사본

『금대집』 1책, 서울대학교 규장각 소장본, 필사본

『동패낙송속』 1책, 서벽외사해외수일본, 필사본

『금대전책』 1책, 이돈형 씨 소장본, 필사본

김동준, 「이용휴 한시와의 대비로 본 이가환 한시의 특징」, 『한국학논집』 35집, 한국한시학회, 2001.

문수영, 「금대 이가환의 산문 연구」, 경상대학교 교육대학원 석사논문, 1995.

문중양, 「18세기말 천문역산 전문가의 과학 활동과 담론의 역사적 성격 - 서호수와 이가환을 중심으로-」, 『동방학지』 121집, 연세대학교 국학연구원, 2003.

박동욱, 「금대 이가환 유배 한시 연구」, 『東方學』 15집, 동양고전연구소, 2008.

안대회, 『나를 돌려다오』, 태학사, 2003.

엄미원, 「금대 이가환 연구」, 이화여자대학교 국어국문학과 석사논문, 1986.

이미선, 「錦帶 李家煥의 散文 硏究」, 영남대학교 한문학과 석사논문, 2006.

임형택, 「이가환의 『정헌쇄록』」, 『민족문학사연구』 31집, 민족문학사학회, 2006.

정선용, 『금대전책』, 국립중앙도서관, 2011.

정우봉, 「이가환의 문학론과 시세계」, 고려대학교 국어국문학과 석사논문, 1984.

-----, 「錦帶 李家煥論」, 『조선후기 한시작가론』 2, 이회, 1998.

조남권·박동욱, 『이가환 시전집』, 소명출판, 2009.

최상천, 「정헌 이가환 연구」, 고려대학교 사학과 석사논문, 1981.

하성래, 「이가환과 서학과의 관계」, 『한국학논집』 35집, 한양대학교 한국학연구소 2001.

홍이섭, 「정헌 이가환의 시문습유」, 『두계 이병도박사 회갑기념논총』, 일조각, 1956.

지은이 _ 이가환李家煥, 1742~1801

조선 후기의 학자로 본관은 여주驪州, 자는 정조廷藻, 호는 금대錦帶·정헌貞軒이다. 여러 관직을 거쳐 대사성·개성 유수·형조 참판에 올랐고, 정조의 총애를 한몸에 받았다. 채제공에 이어 남인 중 청남淸南 계열의 지도자로 부상하였으나 천주교를 신봉한다고 하여 반대파의 극심한 공격을 받았다. 결국 1801년 벽파가 중심이 되어 시파時派를 숙청하고 천주교를 탄압할 때 체포되어 옥사하였다. 문장에 뛰어나 당대의 학자로 널리 인정받았으며, 특히 천문학·지리학·기하학에도 밝았다.

옮긴이 _ 박동욱

한양대학교에서 문학 석사 학위를, 성균관대학교에서 박사 학위를 받았고, 현재 한양대학교 기초융합교육원 조교수이다. 일평一平 조남권趙南權과 함께 『혜환 이용휴 시전집』 『혜환 이용휴 산문전집』 『이가환 시전집』을 번역하였다. 번역서로 『승사록』 『동국산수기』가 있고, 공저로 『살아 있는 한자 교과서』 『아버지의 편지』 등이 있다.

감수 _ 조순희

국민대학교 대학원에서 조선시대사로 석사 학위를 받았다. 민족문화추진회 국역연수원 상임연구부를 졸업하였고, 현재 한국고전번역원 수석연구위원이다. 번역서로 『홍재전서』 『임하필기』 『기언』 『명재유고』 『허백당집』 『회재집』 등이 있다.

금대집

이가환 지음 | 박동욱 옮김

2014년 8월 30일 초판 1쇄 발행

편집·발행 한국고전번역원 | 등록 2008. 3. 12. 제300-2008-22호
주소 (110-804) 서울시 종로구 비봉길 1
전화 02-6263-0464 | 팩스 02-6339-0724 | 홈페이지 www.itkc.or.kr

책임편집 강옥순 | 편집진행 정진라 박정열
디자인 황재성 윤보영 | 인쇄 월계인쇄(주)

값 12,000원
Institute for the Translation of Korean Classics

ISBN 978-89-284-0264-9 04080

* 이 책은 2013년도 교육부(인문학진흥방안 저서출판지원)의 지원을 받아 출간 한 것임.